互联网与文化产业的
高质量发展研究

王 丹 ◎ 著

吉林出版集团股份有限公司

版权所有　侵权必究

图书在版编目（CIP）数据

互联网与文化产业的高质量发展研究 / 王丹著. —长春：吉林出版集团股份有限公司，2023.8
ISBN 978-7-5731-4211-5

Ⅰ. ①互… Ⅱ. ①王… Ⅲ. ①互联网络－文化产业－研究－中国 Ⅳ. ① G124-39

中国国家版本馆CIP数据核字（2023）第176476号

HULIANWANG YU WENHUA CHANYE DE GAOZHILIANG FAZHAN YANJIU

互联网与文化产业的高质量发展研究

著　者	王　丹
出版策划	崔文辉
责任编辑	金佳音
封面设计	文　一
出　版	吉林出版集团股份有限公司
	（长春市福祉大路5788号，邮政编码：130118）
发　行	吉林出版集团译文图书经营有限公司
	(http://shop34896900.taobao.com)
电　话	总编办：0431-81629909　营销部：0431-81629880/81629900
印　刷	廊坊市广阳区九洲印刷厂
开　本	710mm×1000mm　1/16
字　数	205千字
印　张	13
版　次	2023年8月第1版
印　次	2024年1月第1次印刷
书　号	ISBN 978-7-5731-4211-5
定　价	78.00元

如发现印装质量问题，影响阅读，请与印刷厂联系调换。电话：0316-2803040

前　言

随着社会、经济发展水平的提高，人类生活需求的改善，科学技术与文化的普及，文化的发展逐步脱离历史上长期存在的被少数精英垄断与欣赏的处境，开始加速走向大众，成为可以被大规模接受和消费的商品。文化与经济发展日趋紧密地结合，逐步融入经济，经济发展中日益体现出文化的内容，在产业发展方面尤其如此。文化成为推动与制约产业发展的重要因素，最终文化也成为产业。

互联网文化产业是与新经济形态、新技术相适应的一种新型文化产业形态，它以互联网技术为载体，以数字化为核心，专门从事互联网文化内容生产、流通和提供网络文化内容与服务活动的经营性产业的集合。

本书主要研究互联网与文化产业的高质量发展方面的问题，涉及丰富的文化产业基础知识。主要内容包括文化产业概述、国内外文化产业发展现状、当下文化产业的发展与价值、互联网文化产业的基础知识、互联网文化产业发展与变革的有效路径、互联网文化产业治理现代化等。本书是笔者长期从事高校教育教学和实践的结晶，在内容选取上兼顾知识的系统性和读者的可接受性，同时强调互联网技术的应用性。本书涉及面广、技术新、实用性强，使读者能理论结合实践，获得知识的同时掌握技能，理论与实践并重。本书兼具理论与实际应用价值，可供相关教育工作者参考和借鉴。

由于笔者水平有限，本书难免存在不妥甚至谬误之处，敬请广大学界同仁与读者朋友批评指正。

目 录

第一章 文化产业概述 ... 1
- 第一节 文化产业的内涵与特征 ... 1
- 第二节 文化产业的模式与功能 ... 7

第二章 外国文化产业概述 ... 16
- 第一节 外国文化产业发展现状 ... 16
- 第二节 外国文化产业的发展措施 ... 26
- 第三节 外国文化产业发展对我国的启示 ... 33

第三章 我国文化产业概述 ... 39
- 第一节 我国文化产业的发展 ... 39
- 第二节 我国核心城市文化产业的发展 ... 43
- 第三节 我国文化产业发展路径分析 ... 46

第四章 当下文化产业的发展与价值 ... 54
- 第一节 数字媒体时代的文化产业 ... 54
- 第二节 互联网时代的文化产业 ... 58
- 第三节 文化产业提高文化软实力 ... 62
- 第四节 文化产业推动经济转型 ... 71

第五章 互联网文化产业基本理论 ... 77
- 第一节 互联网文化产业的内涵 ... 77
- 第二节 互联网文化产业的分类 ... 83
- 第三节 互联网文化产业的特征 ... 87

第六章　互联网文化产业的演化机制 …… 96

- 第一节　互联网文化产业动态演化的理论研究与演化模型 …… 96
- 第二节　互联网文化产业业态演化机制 …… 98
- 第三节　互联网文化产业的集聚演化机制 …… 102
- 第四节　互联网文化产业生态演化机制 …… 106

第七章　数字文化产业的商业模式 …… 112

- 第一节　商业模式的定义 …… 112
- 第二节　商业模型的构建方法 …… 114
- 第三节　数字文化产业的商业模式要素 …… 119

第八章　我国文化产业提质增效的路径 …… 124

- 第一节　构建文化产业创新生态系统 …… 124
- 第二节　文化产业的创新生态系统模型 …… 128
- 第三节　我国文化产业创新生态系统建设现状 …… 131
- 第四节　构建我国文化产业创新生态系统的路径 …… 134

第九章　我国文化产业变革的技术因素 …… 137

- 第一节　大数据时代的变革 …… 137
- 第二节　智慧城市的大格局 …… 139
- 第三节　云计算的崛起与运营 …… 140
- 第四节　移动网走向主流 …… 141
- 第五节　自媒体的迅速崛起 …… 142
- 第六节　文化产业发展的新特色 …… 142

第十章　互联网文化产业发展：技术、制度创新驱动 …… 145

- 第一节　我国互联网文化产业发展现状 …… 145
- 第二节　互联网文化产业发展的驱动因素 …… 151
- 第三节　技术创新与互联网文化产业发展 …… 155

第十一章　互联网文化产业治理现代化 ……………………………………… 160

第一节　互联网文化产业治理现代化的内涵与逻辑 ……………… 160
第二节　互联网文化产业治理现代化的内容体系 ………………… 165
第三节　基于技术创新的互联网文化产业治理现代化机制 ……… 170
第四节　基于制度创新的互联网文化产业治理现代化机制 ……… 176
第五节　基于协同创新的互联网文化产业治理现代化路径 ……… 186

参考文献 ………………………………………………………………………… 198

第一章　文化产业概述

第一节　文化产业的内涵与特征

一、文化产业的内涵

文化产业是经济发展在文化领域的反映，它不仅具有文化内涵更有着经济意义。基于文化产业这种双重属性，文化产业自然也是文化与经济的结合，它不仅是指将对经济利益的诉求和文化创新结合起来的创意，还包括将文化产品和经济创新相结合的创意。所以文化产业不仅仅包括文化创意，还存在经济创意这一问题，是文化创意和经济创意的结合。文化产业源于文化并高于文化，在对文化资源创造性地开发和利用的同时，也体现出文化对经济社会发展渗透力、影响力的拓展和挖掘。

文化产业就概念而言，包含了文化、创意、产业三部分内容，分别代表了文化产业既有区别又相互关联的三个要素。三位一体，共同构成了文化产业的内涵。因此文化产业可以定义为：基于文化要素的创意和运用，通过高科技和智力紧密融合的创作、生产方式，生产、提供以文化内容为核心或重要元素的高附加值产品及服务的，具有规模化生产能力和广阔市场的产业。

二、文化产业的分类

各个国家（地区）由于所处的经济社会发展阶段及文化体系的不同，政府对文化产业关注、管理、支持的重点也不同，对文化产业的分类也存在一定程度的差异。

（一）英国的分类办法

在英国，政府对文化产业的界定比较宽泛，认为"那些出自个人的创造性、技能及智慧和通过对知识产权的开发生产可创造潜在财富和就业机会的活动"，均属创意产业。据此，包括出版、音乐、表演艺术、电影与录像带、广播电视、软件与计算机服务、休闲软件与游戏、广告、建筑、设计、艺术和文物交易、工艺以及流行设计与时尚在内的13种行业均属于文化产业。

（二）美国的分类方法

与英国沿用的"创意产业"相比，美国则采用"版权产业"的分类方法。版权产业是当今知识经济时代最重要的产业之一，是文化产业的核心和基础因素，其发展水平被国际社会认为是衡量一个国家或地区创新能力和核心竞争力的基本标尺。美国的版权产业可分为四类：核心版权产业、交叉版权产业、部分版权产业和支持版权产业。

（三）中国的分类方法

中国国家统计局在与中宣部及国务院有关部门共同研究的基础上，制定了《文化及相关产业分类》，从国家有关方针政策和课题组的研究宗旨出发，结合我国的实际情况，将文化及相关产业概念界定为：为社会公众提供文化、娱乐产品和服务的活动，以及与这些活动有关联的活动的集合。根据这一概念，文化产业的范围大致如下：为社会公众提供实物形态文化产品和娱乐产品的活动，如书籍和报纸的出版、制作、发行等；为社会公众提供可参与和选择的文化服务和娱乐服务，如广播电视服务、电影服务、文艺表演服务等；提供文化管理和研究等服务，如文物和文化遗产保护、图书馆服务、文化社团活动等；提供文化、娱乐产品所必需的设备、材料的产销活动，如印刷设备、文具等生产经营活动；提供文化、娱乐服务所必需的设备、用品的产销活动，如广播电视设备、电影设备等生产经营活动；与文化、娱乐相关的其他活动，如工艺美术、设计等。

三、文化产业的特征

文化产业发展的时间虽然不长甚至至今尚不能推断其已进入了成熟阶段，却展现出不同于传统产业的特征。

（一）文化产业特征的认识

厉无畏提出文化产业具有创新性、渗透性、高增值性、强辐射性、高科技含量、高风险性的特征。张京成等人认为创意产业的总体特征主要有：（1）创意产业集文化创意、科技创新和经济效益于一身，是三者相互交融的产物和共同发展的结果，具有三位一体性的特点；（2）创意产业具有空前的产业关联度，表现为极强的渗透性和整合性，在横向上广泛延伸，跨越了众多传统产业部门，表现出横向跨越性的特点；（3）创意产业处于传统产业价值链的高端，它把注入传统产业的文化价值和高新技术转化为新的增值要素，具有高附加值的特点；（4）创意产业具有鲜明的知识产权性。创意产业的核心生产要素是信息、知识、文化和技术等无形资产，拥有知识产权是发展创意产业之根，加强知识产权保护是发展创意产业之本。金元浦认为创意产业具有多样性、差异性、文化性、精神性、流动性、易逝性和组织结构与交易过程的复杂性等产业特征。管益忻认为发展文化产业关键在于把握好几个基本特征：（1）在产业战略定位上，要体现经济内涵，更要具有文化元素；（2）在产业生成、发展上，要讲求利润，更要注意理念设计；（3）在人文素质上，要重视品格沉稳、端庄气质，更要重视其素质青春活力与奋斗精神；（4）在文创企业发展上，要重视其商业基础，更要重视文化创意内涵与环境；（5）在骨干人才配置上，要抓善经营会管理的团队骨干，更要重视关于文化创意人才主导。顾作义等人认为，文化产业有如下特征：（1）文化性，任何一种文化创意活动，都必须在一定的文化背景下进行，离开文化的基础，创意就会成为无源之水、无本之木；（2）高附加值，通过高科技手段或者高艺术形式的加工赋予其增值的潜力，成为高附加值的产品；（3）价值链条长，文化产业具有大规模市场化的潜力，它可以通过产业链的形成和延伸创造巨大的市场价值，还具有价值链条长等特征；（4）创新性，文化产业要以创新为追求目标；（5）高融合，文化产业是文化、经济、科技融合的产物;(6)集约化,文化产业要有空间的集聚。创意是借助个人灵感和才华,而只有这种灵感和才华在一个空间有效化集聚,才可能创造出效益最大化,在竞争中推动创新。

不难发现,大部分专家学者都认同,文化产业具有创新性和文化性、高科技含量和强辐射性、产业关联度强、高附加值性和高风险性等行业特点。只有掌握了这些特征,才能更准确地把握文化产业运作规律,才能推动文化产业又好又快发展。

(二)文化产业的基本特征

任何一种文化创意活动,都要在一定的文化背景下进行,但创意不是对传统文化的简单复制,而是依靠、集聚人的灵感和想象力,借助科技对传统文化资源的再开发、再提升和再塑造。其基本特征主要有下列方面:

1. 体验性

文化的产业化操作让文化艺术越来越多地走进人们的生活。与此同时,具有丰富知识积累和创造力的人也加入创意阶层的队伍。出其不意、令人耳目一新的创意,让文化艺术转变为人们可以体验的创新性产品,给人们带来全新的体验和心灵上的愉悦享受。

2. 知识性和艺术性

任何含有文化元素的创意的产生都是以知识为基础起点的,从创意的产生到创意付诸实际都离不开知识。知识是创意过程中最微小的细胞,是一切创意的根源。每一个创意的背后都蕴含着人类的智慧,虽然创意是突发奇想、一念之间产生的,但归根结底是长时间知识积累的结果。有了量的积累,才有质的飞跃,知识的积累促成文化产业的产生。而文化产业直面人们的文化生活,在生活的基础上进一步升华与艺术相结合,例如《云南印象》等大型实景演出的打造。

3. 前瞻性和风险性

拒绝平庸是创意的动力,而创意的根本任务就是让原本平淡无奇的生活变得新奇有趣,这要求创意本身具有超前的洞察力和前瞻性。面对现实的挑战,只有跳脱传统思维的束缚，想到众人的前面才能高人一等。然而这种超前性和前瞻性本身就具有极大的不确定性，这也给文化产业带来了一定的风险。

（三）文化产业的发展特征

文化产业的出现，意味着原本蕴含在劳动过程中的创意已加入商品的行列。文化产业所带来的重大影响都是基于其本身所具有的不同于传统产业的发展特征而发生的。

1. 高风险与高附加值并存

文化产业也是高风险的行业，主要在于文化创意产品的市场需求是不断变化、难以确定的，文化产业的产品不是生活必需品，需求弹性大。文化创意产品包含精神、文化、娱乐等诸多元素，主要是满足人类的精神需求，与此同时，文化的差异、时尚潮流、宣传策略、社会环境等不确定因素对受众的选择会产生很大的影响。另外，文化创意生产机制和产品利润回流方式的特殊性及创意载体化产品的非保值性，使得其创意产品缺乏风险分摊机制，也导致了文化产业的高风险性。

正是遵循市场"高风险、高回报"的基本原则，知识、信息，特别是文化、技术和艺术等无形资产都是具有高度自主产权的高附加值要素，文化产业的核心生产要素以这些要素为主，同时也就具有了高附加值的特征。此外，文化产业处于技术创新和研发等产业价值链的高端，从这个意义上来说，其也具有高附加值的特性。文化产业通过多元化的运作改变了产品的外在特性和其在市场上的地位，无形之中为其产品增加了价值。

文化产业的高附加值还体现在对资源的节约和环境的保护方面。不同于传统的产业，文化产业所提供的产品或是服务的核心资源为文化、创意、知识，传统产业在生产过程中要消耗大量的物质资源、能源，而文化创意产品最重要的投入要素是无形的文化和创意，无论前期的创作生产，还是后期的营销推广，都不会大量耗费自然资源，对环境的影响也很小。

2. 突出的产业关联度和辐射性

产业关联度是指产业与产业之间通过产品供需而形成的互相关联、互为存在前提条件的内在联系。文化产业具有高度的产业关联性，它跨越了传统的产业边界，能够与各行各业相互渗透、整合。主要表现在：在产品的供需方面，文化产业的产品可以成为其他产业的生产要素，同时，其他产业的产品也会被其作为生产要素来使用。在产业的技术供给方面，文化产业的生产需要其他产业为其提供技术水平层次相当的生产手段，同时，它的发展也推动了其他相互关联产业的技术进步，从而使整个产业的技术水平不断向更高层次推进发展。如《米老鼠和唐老鸭》，可以是一部喜剧动画，可以编写为图书出版发行，还可以制造相关的玩具、开发主题游乐园。文化产业可以拉动多个相关行业的发展，有利于产业的延伸，不断拓展、延长市场链条，形成多元化、多层次的赢利模式。

除了通过知识传播和技术创新在产业之间形成关联性之外，文化产业还具有很强的辐射性，使得经济之外的其他层面发生明显改变。在经济全球化大背景下，蓬勃发展的文化产业造成的影响范围不再仅限于一个地区或国家。全球经济、政治、文化的交流使国家和地区之间的联系更加紧密，文化观念、传统习惯、价值观等因素在碰撞中相互渗透和融合，这样的大背景也使文化产业的影响更加扩大。现代知识经济社会，产品竞争的实质是通过产品所蕴含或提倡的文化来影响或迎合消费者的意识观念、消费传统等，使大众认可、接受此种产品。文化产业强辐射性的重要表现是，当人们强烈追求文化内涵时，文化的传播和影响力就会促进富有丰富文化内涵的产品在市场上扩张。

3. 知识文化要素密集性和人才的强依赖性

文化产业的兴起和发展突出地依靠创意阶层——文化水平高、科技素养高、管理能力强、创意水平高的高端人才。任何文化产业都与文化密不可分，必须以某种形式的文化为基础，同时又是对文化的创新和升华。区别于原来以自然资源为基础的物质生产活动，文化创意活动是以文化、知识、智慧活动为代表的文化符号的创造、生产、销售的活动；不同于传统产业生产的物质产品，文化产业的产品可以是有形的商品，也可以是无形的文化产品。创意本身就是富含文化的,文化创意产品的核心是文化、创意理念,是人类的知识、智慧、想象和灵感在产业化时代的物化表现。

正是由于文化产业知识文化要素密集的特征,使得具有创意的高素质人才成为文化产业发展的灵魂,甚至可以说,创意人才决定着此产业的发展空间。创意具有综合性,不能简单地等同于智能或知识的叠加,而创意人才不同于传统产业人才,他们的培养需要花费更多的精力和时间。创意人才主要是知识型工作者、能够迸发出灵感的设计高手和特殊人才。他们的工作具有特殊性和不可替代性,一个完美的创意需要多种因素共同作用才能实现,创意工作者要用创新的理念和办法解决繁杂的问题。从工作条件来说,相对自由的工作时间和宽松的氛围对触发他们的激情也是十分有利的。

第二节 文化产业的模式与功能

一、文化产业的发展模式

文化具有区域性和传承性,不同民族、地区的文化形态也各具特色,所以文化产业的构成模式依国家、地区的不同,呈现出各异的成长模式。大致可以分为以下几种类型:

(一)政府引导型

政府引导型指由政府积极推动文化产业发展的类型。这一类型中,政府在文化产业的产生和成长中发挥重要作用,对其进行多方面的支持和引导,代表国家有英国、日本、韩国、新加坡等,其中又以英国最为典型。

从英国的经验分析,英国创意产业的蓬勃发展与政府的极力推动关系密切,政府对创意产业的高度重视和提供相关的政策支持为创意产业的迅速发展铺平了道路。1997年,为了振兴经济,英国政府提出发展创意产业的策略,首相布莱尔上任后,亲自担任创意产业特别小组主席,积极推动文化产业的相关工作,把其作为振兴英国经济的重要内容,明确提出了文化产业的概念和产业分类,提出政府为支持文化产业而在从业人员的技能培训、企业财政扶持、知识产权保护、文化创意产品出口等方面应做出积极努力。相比较而言,英国政府的创意产业政策,是目前国际上产业架构最完整的文化产业政策。

从产业发展实践效果来看,英国政府的一番苦心得到了良好的回报,创意产业成为英国多年来发展最快的产业之一。从1997年起,英国经济总量增长了大约70%,而创意产业增速则达到94%,为英国提供了198万个工作岗位,使得创意产业成为英国就业人口的第一大产业和产值仅次于金融服务业的第二大产业。与大多数传统产业的成长模式不同,文化产业承载了较多经济利益之外的职能,同时作为一种新兴产业,对大多数国家和地区来讲,十分需要政府从宏观的层面给予积极的引导,同时通过各种政策予以大力扶持,健全产业运作体系,规范市场秩序,帮助微观主体合理有效地配置资源,这是产业成长中的内在需求,也是政府角色定位的正常领域。

(二)市场主导型

与政府引导型产业发展模式不同,在文化产业发展相对发达的经济体中,市场的力量得到更多强调和重视。市场主导型发展模式是指市场在文化产业的生成中起着关键作用的类型。在这种类型的文化产业的发展过程中,市场是实施主体和主要推动者,产业相关方普遍遵循贸易自由和市场开放的理念,其中以美国版权产业的发展最具代表性。

第二次世界大战后美国迅速崛起并一举成为世界头号强国,无疑与其对市场的极力推崇有着密切的关系,当前,美国的市场经济已高度发达,交易平台和相关的制度也较完善,资金、人才、信息等关键要素自由流动,为文化产业提供了良好的环境。资金雄厚的企业选择投资文化产业,以市场为主导,就会迅速带动区域经济的发展,从中获取高额的商业利润和良好的品牌效益。迪士尼、时代华纳及好莱坞等企业的市场运作都极为典型和成功,美国电影产量仅占全球的6%,而市场占有率却高达80%。

需要特别提出的是,政府与市场的关系一直是经济学界争论的焦点问题之一，也是各经济体在长期实践中很难把握的困局问题。即便是在当今世界自由度最高的经济体美国，凯恩斯主义的积极干预思想从来就没有消失过，其文化产业的高度繁荣也并非纯粹的市场自发行为，不能忽视其战后20多年黄金增长期的积淀；而英国的政府引导型发展模式突出的是"引导"二字，市场仍然是产业成长的主体。因此，文化产业在发展中对政府和市场的双重依赖是无法避免的，而政府的行为空间或许更多地取决于其长期的行为习惯和市场的完备程度。

（三）传统文化保护型

文化作为一种产业的发展历史并不长，但文化本身却是与人类社会的进步相伴而存在的，甚至可以说人类发展史就是一部人类文化发展史。对人类自身来说，如何保护地区的多元文明与历史文明遗产，已经超越了国别或民族的单一行为，成为全世界和人类历史文明的共同重大议题。文化产业发展中的传统文化保护型模式即是依据本地区的传统文化、建筑、工艺与人文资源等进行传统艺术或遗产文明的保护性移植、复制与传承发展起来的。

在这一模式中，地区原有的文化艺术、传统、人文建筑、自然景观等文化符号在其中起了关键性的作用，法国就是这一类型的典型国家。众所周知，法国是世界上著名的旅游国家，具有悠久的历史、深厚的文化底蕴。卢浮宫、埃菲尔铁塔、巴黎圣母院、凯旋门等诸多历史遗址吸引着无数的游客奔向这个富有浪漫气息的国度，可以说，文化休闲旅游业是法国文化产业中最为成熟的行业之一，其价值链就是以丰富的文化资源为依托，带动吃、住、行、游、购等一系列相关产业庞大的经济收益链条。

中华民族有着5000多年文明史，在这片近千万平方千米的国土上所拥有的文化遗产难以计数。改革开放以来，漓江、敦煌、平遥等文化地域每年都吸引大量的国内外游客，依托这些传统文化遗迹，在保护的基础上积极发展创意经济新形态，不仅对保护中华传统文明这种不可复制的人文资源有着重要作用，也是我国产业结构调整优化的重要突破口。

（四）创意阶层集聚型

通过"创意阶层集聚"这种方式成长起来的文化产业是原生态的经济形态，创意工作者在其中起着主导作用。创意工作者出于创作或资金的考虑，往往选择废弃的厂房、仓库等地区作为创作地点。他们多以个人画廊、工作室为主，进行艺术创作、作品展示、技艺交流、作品售卖。这种富有激情和自由的氛围吸引了艺术商人的青睐和特色酒吧、餐厅、画廊、书店的落脚入驻，随着时间的推移，特色的文化氛围和生机勃勃的艺术家街区逐步形成，并对周边经济发展起着积极推动作用。

创意阶层集聚型的主要代表是闻名于世的美国纽约的SOHO区。SOHO并不是一个独立的社区，而是与西村、格林威治村及小意大利合在一起成为曼哈顿岛的第二区。今天的SOHO是个商业区，有近600家各具特色的百货服装店、饰品店。以SOHO中心区的百老汇大道为例，特色店有50余家，经营范围包括珠宝、服饰、化妆品、家居用品、文具及百货等；各式餐馆逾100家，囊括了世界各地的风味美食和高级主题餐厅。许多世界知名的品牌早已登陆这块黄金商业区。

与欧美国家相比，中国的文化产业发展历程相对较短，甚至可以说刚刚起步，能够追赶世界潮流的艺术家数量还比较有限，而能够引领时代的创意人群更是凤毛麟角。但这并不意味着创意阶层聚集型的发展模式在中国没有用武之地，近几年在国内出现的一批艺术区都是中国的艺术家在本土对这一模式的尝试，相信勇于探索就会有成绩。

（五）社区合作型

在区域性文化产业发展中，无论是政府、市场、社会团体还是艺术家阶层单方面的力量都是有限的，将多种主体凝聚在一起共同推动产业发展的模式被称为社区合作型模式。具体来讲，社区合作型是指在公共发展的区域政策指导下，在调动财政、税收、金融、补贴、科研、规划等政府力量的同时，充分发挥市场、社会、企业等各方力量，制订可持续发展与提升区域竞争力的计划，并通过改善基础设施，促进交通，吸引各国各地创意阶层共同参与，形成生态型的区域创新商业模式。

这种发展形态以20世纪90年代以来东柏林旧城区的成功改造最具代表性。柏林政府在重新规划东柏林旧区时，充分调动民众的积极性，鼓励民众参与到城市的发展规划当中来。政府不断引导民间各种力量共同完成城市更新，让工会、中介组织、工业团体、金融机构、艺术群体协商解决各种发展中的问题，联合起来共同建设了这座新的城市。这样做目的在于让更多的社会力量主动地参与进来，自行定义本地区的发展战略与区位形象。这一模式成为旧城改造、新城建设与创意社区发展的成功路径。

二、文化产业的主要功能

（一）文化产业的经济功能

在知识经济的背景下，文化创意不仅是走出危机的先导产业，是经济实现加快发展的新战略，而且已成为改变世界的重要力量。

文化产业属于创新型业态，是指依靠创意人的智力、技能和天赋，借助高科技对文化资源进行创造与提升，通过知识产权的开发和运用，产生出高附加值产品，具有创造财富和就业潜力的产业，对加快经济创新具有积极的促进意义。

纵观世界经济发展的实践，不难发现，在知识经济的背景下，文化创意不仅是走出危机的先导产业，是经济实现加快发展的新战略，而且已成为改变世界的重要力量。任何一场经济危机发生之后，总需要由创新带来突破，由发现新市场战胜困难。如今，中国成了世界制造业大国，但在"中国制造"的盛名之下，要清醒地认识到低端制造模式的不可持续性。目前我们正面临劳动力成本上升、人民币升值、环境资源等瓶颈的约束，中国传统制造业正面临一场转型和升级的严峻考验。中国要在国际产业竞争中立于不败之地，必须改变"中国制造"之困境，唱响"中国创造"之品牌，加快实现从制造到创造的新跨越。

从文化产业的功能来看，文化创意是促进产业转型的重要途径。文化产业倡导开发人类创造力、解放文化生产力、提升产业竞争力、增强国家软实力，强调创意和创新,强调把文化、技术、产品和市场有机结合起来,不仅能够为人们提供文化含量较高的产品和服务,满足人们的精神需求,形成新的消费市场,更重要的是它还可以和其他产业融合发展,促进产业创新和结构优化,有效地推动中国的经济转型和经济创新。

从文化产业的发展实践来看,中国通过文化创意的发展,产业转型取得了积极成效。比如香港特区政府为优化经济结构,全力支持创意产业。目前创意产业已成为香港快速增长的产业之一。

随着人们生活水平的不断提高,消费者往往不再满足于商品本身的使用价值,而更关注商品中的观念价值,即其中被注入的文化要素。文化产业正是通过观念、感情和品位的传达,赋予传统意义的商品某种独特的"象征意义",提升其文化附加值,从而满足人们的精神需求和个性化消费,并加快促进消费增长。

发展文化产业也是创造一种新型生活方式,在促进消费的同时,还有利于提升生活品质。通过发展创意生活产业,提升人们的生活品质,提倡"把生意做成文化",创造出具有文化品位和情调的创意生活方式,不仅满足了人们的个性化消费需求,还在精致农业、休闲生活等领域大大地拓展了产业消费的市场空间。

(二)文化产业的社会功能

利用中华文化元素和价值理念发展文化产业,既能够使中国以鲜明的文化特征区别于世界其他地区,又能增强中华儿女的文化认同感。

发展文化产业不仅能共享共赢,还将加深区域间的交流合作,大大增进文化认同,增强民族凝聚力,共同为中国人民谋福祉,为中华民族谋复兴。

中华儿女拥有共同的文化母体,发展文化产业,在加强文化交流的同时,又能促进产业发展。一方面可以进一步增进文化认同感,加深友情;另一方面还能够产生社会经济效益,文化与经济双赢的交流,有利于增进合作共识。

文化是中华儿女血脉相连的纽带,如果说经济合作是手携手,文化交流就是心连心,文化产业融合了经济和文化,其发展必将进一步增强中华民族的凝聚力。

从文化层面看,中国各地发展文化产业,首先是彼此文化的认同与合作。比如，"和"文化是中华文化的精髓，通过"和谐""和睦""和美""和顺""和悦"等的创意发展，既可以加深中华民族的血肉联系，也有助于强化中华文化精神的弘扬和传承。从产业层面看，发展文化产业，对于开辟中华民族共同创造和积累财富的新路径，提升中华民族整体经济实力，增强中国的国际竞争力也不无裨益。比如，北京深厚的文化积淀、良好的文化氛围，吸引了一大批台湾文化创意人士驻扎，从事与文化创意相关的产业，两岸同胞共同打造的"妈祖文化旅游圈"项目启动，"海峡两岸文化产业园""两岸艺术品交易中心"也在厦门建设，等等，这些均有利于中国各地发挥各自优势，形成具有互补效应的中华文化产业体系。

（三）文化产业的文化功能

文化创意精品的传播影响远大于说教式的宣传，优秀的创意产品不仅可以传播和普及文化知识，而且会潜移默化地影响人们的思想观念、价值判断和道德情操。

随着现代化进程的加快，许多传统文化濒临灭绝，而文化产业利用高科技和多媒体等创新手段将传统文化中的精髓延续下来，既有效地传承，又在内容或形式上有所创新。中华文化是中华儿女共同的情感记忆、精神遗产，发展文化产业，有利于推动中华文化创新力、文化影响力和文化吸引力的整体提升。

中华文化创新力的提升，是基于对传统优秀文化的创新性传承、对外来先进文化的包容性吸收，以及对历史文化资源的创意性转化。传统文化只有在创新中传承，才能得到发扬光大。发展中华文化产业，就是促进中华文化的创新创意性发展，是对中华传统文化进行现代阐释，使其在服务当代人的文化精神需求中焕发出新的生命力。

发展文化产业不仅需要增添新的内容，而且需要对异质文化的吸收和融合，这种融合性不仅体现在产业运作上，还体现在对文化内容和形式的重新编码和整合上，有利于推动中华文化的价值创新，进一步优化中华文化基因。为此，我们应以包容和开放的胸怀来吸纳和借鉴其他民族的先进文化，扩大国际文化创意的交流，从而拓展创意空间、提升创新能力。

中华文化是一个巨大的财富宝库，只有提升创意转化力，才能将资源优势转为经济优势,并借势扩大中国文化影响力,其中的关键环节就是对历史文化资源的创意性转化。比如《花木兰》《功夫熊猫》中的人物、动物原本是中国特有的文化资源,却为美国好莱坞所开发和利用,成为他们获取财富的资源。以美国电影《功夫熊猫》为例,该片导演花 30 年时间研究中国文化,使整部电影充满了中国元素,《功夫熊猫 2》全球票房高达 6.5 亿美元,其衍生出来的产业市场还在不断扩大,后续效应也在持续发酵。

这给我们的启发是,文化创意精品的传播影响远大于说教式的宣传。优秀的创意产品不仅可以传播和普及文化知识,而且会潜移默化地影响人们的思想观念、价值判断和道德情操。

那么,如何增强中华文化的吸引力,展示其独特魅力呢？不二法门还是要借助现代高新科技成果,大力发展文化产业,推进文化交流和传播手段的升级换代,改造传统文化的生产经营和传播模式,促进传统艺术样式的升级换代。比如传统舞台美术与多媒体技术结合形成的视觉效果使人目不暇接,由此创新形成的实景文化旅游演艺节目吸引了众多游人,各地游人纷至沓来。

文化产业通过美学符号的诠释,既塑造了区域文化的个性,也增强了城市的文化吸引力。文化产业与旧城区改造形成有机互动,有利于历史文化遗产的保护和城市文化品位的提升。一方面,通过保留具有历史文化价值的建筑,可以避免城市文脉的中断,使得历史与未来、传统与现代、东方与西洋、经典与流行在这里交叉融会,为城市增添了历史与现代交融的文化景观,给人以城市的繁华感、文化底蕴的厚重感和时代的生机感；另一方面,孕育了新的产业业态,避免了产业的空心化,对城市经济的更新和持续发展,以及就业率的提高等产生了巨大的推动作用。上海目前近 100 个创意产业集聚区中,有 2/3 都是由 20 世纪中期上海工业大发展时建造的厂房、仓库改造而成,比如 M50、8 号桥、田子坊、红坊等。又如,被列入"世界文化遗产名录"的澳门历史城区,保存了百年文化交流的历史精髓,展示了独特的文化魅力,而澳门特区的望德堂区仁慈堂婆仔屋最近经重新改造也成为创意产业区,这些文化创意空间将为澳门吸引更多的游客。

三、艺术与创意设计

文化产业最核心的内容就是文化与创意的相互融合。每一个创意经过长时间的积累之后就会成为文化，而文化在长期的发酵和酝酿之后就能够为创意提供生发的空气和土壤。如果说科技是现代文化产业的骨骼，那么艺术与创意就是文化产业的血肉和灵魂。

（一）艺术产业

文化产业在中国的发展备受关注。以艺术家群落为特征的"画家村"作为文化产业的新形式在全国各地逐渐发展起来，其中尤以北京的宋庄画家村和深圳的大芬油画村最为著名。据不完全统计，北京市通州区宋庄的艺术家数量已经达到1000多位，这里一年的艺术品交易额至少2.5亿元，且艺术家的作品大多是原创的。

中国艺术产业的发展水平体现着中国文化产业的发展水平乃至中国整体社会经济的发展水平。随着我国经济水平的提高、人均收入的增加，会有越来越多的人加入艺术品收藏者的队伍。在这些收藏者当中，有些人是出于欣赏的态度而收藏，有些人则是出于投资的目的，把艺术品作为一种投资理财对象来收藏。有数据表明，2004年以来，个别投资品种半年的回报率高达80%，艺术品收藏投资年回报率为26%，超过了风险系数高的股票（15%）和房地产（21%）。在中国经济多元化发展的今天，越来越多的投资人开始调整自己的投资取向，中国艺术品市场成为投资人新看好的一块肥沃土壤。

（二）创意设计

设计业在文化产业中是顶级的一个行业，它的附加值在整个文化产业中也最为明显。从目前我国设计业的发展情况来看，它还有很大的提升空间。随着中国经济结构的调整，设计业势必成为中国最新的经济增长点，因此国家对设计业的发展给予了高度重视。

第二章　外国文化产业概述

第一节　外国文化产业发展现状

一、英国文化产业的发展现状

（一）发展概述

英国是世界上第一个提出"创意产业"概念的国家，也是第一个利用公共政策推动文化产业发展的国家。

英国将文化产业称为"创意产业"（Creative Industries）。1993年，"创意"一词被正式引入英国文化政策文件，发展文化产业即成为新的文化政策核心。1997年，当时的布莱尔政府为改变英国没落的老工业帝国形象，提出"新英国"的构想，并迅速成立了由多个政府部门和产业界代表组成的"创意产业工作组"（Creative Industries Task Force，CITF），布莱尔亲自任主席，对英国创意产业进行跨部门的协调，以满足文化产业发展的需要。英国政府此举的目的，是要将英国从以前的"世界工厂"变成新的"世界创意中心"，从而提升英国的国家核心竞争力。1998年，CITF提出了第一份《创意产业专题报告》（Creative Industries Mapping Document），这份报告把创意产业定义为："源于个人创造性、技能与才干，通过开发和运用知识产权，具有创造财富和增加就业潜力的产业。"

如今，发展创意产业已成为英国推动经济增长与降低失业率的有效途径，以伦敦为代表的几个大城市也逐渐发展成为全球"创意城市"的典型。创意产业有力地推动了城市和周边地区经济的发展。

（二）主要文化产业

1. 设计、时尚产业

英国是设计和时尚的发源地和领跑者，其产品无所不包，从家具到一级方程式赛车均囊括在内。英国设计产业充溢着热情和创意，却不失兼容并包的特质。

英国设计产业在许多方面都领先全球，品牌营造与沟通、产品设计、室内设计、多媒体与网页设计、设计策略与管理等方面尤其如此。在畅销电玩游戏和其他数字及网络空间的设计与开发方面，也颇受赞誉。

英国时尚产业总能引发新的潮流和流行元素，产品别出新意，且同时能满足平价与奢华市场的需求。每年两度的伦敦时尚周，早已成为全球最重要的时尚活动之一。英国在男装裁缝上的专业尤其有名，同时也有世界顶级的制鞋、珠宝与配件设计。除了时尚产业外，英国仍然是服装与高级织品的制造中心，越来越多的英国公司采纳新科技与工作方法，以增进其在国际贸易市场的竞争力。

2. 音乐产业

英国的音乐产业发展良好，年产值约达50亿英镑，其中出口约13亿英镑，净出口收益比英国钢铁工业还要高。而在音乐销量方面，英国市场居世界第三；音乐产量占全球音乐产业的15%，仅次于美国位居第二。

英国音乐产业有强大的制作团队和成熟的运行机制。英国有2000多家唱片公司，1000多位专业音乐制作人，300多家录音室，英国音乐人工会的规模比英国煤矿工人工会还要大。英国也是世界级音乐节的所在地，如格林德伯恩歌剧音乐节、格拉斯顿伯里当代表演艺术节，同时还是世界知名音乐家巡回演出的必经之地。

3. 表演艺术产业

英国的表演艺术闻名世界，表演活动多样，包括剧场、单人喜剧、歌剧、舞蹈、嘉年华、马戏团和交响乐。英国每年有600个艺术节，包括著名的诺丁山嘉年华和爱丁堡艺术节。

英国的戏剧艺术很早就达到了十分高的水平，在剧目创新、演出质量、演员素质等各方面都很出色。伦敦西区已经成为英国戏剧中心的代名词，该地区是与纽约百老汇齐名的世界两大戏剧中心之一，聚集了42家商业性经营的大型剧院。英国戏剧中很多经典剧目带来了强大的品牌效应，如音乐剧《猫》足足上演了21年，大型音乐剧《歌剧魅影》和《妈妈咪呀》更有全球数百万观众观看演出，产生轰动效应。英国的国家歌剧院与芭蕾舞团名扬四海，世界级指挥家也以能与英国交响乐团合作为荣。

文化产业的高辐射性在英国有着淋漓尽致的体现，比如高水准的表演艺术就使英国的旅游业受益匪浅。根据英国旅游局公布的数字，英国每年旅游收入中约有20亿英镑来自文化相关的项目。其中，伦敦西区已经成为伦敦旅游业的一个品牌文化产业园区，许多海外游客把到西区看演出列为去伦敦旅游的重要项目。丰富多彩的文化生活使得很多外国公司选择伦敦作为驻地，越来越多的国际性会议也选在伦敦举办，一些会议还专门组织到伦敦西区观看戏剧演出。

在全球目前所能看到的表演艺术中，部分最具创新性的技术概念与想法就源自英国，而英国也提供了世界级的表演艺术教育与训练课程。过去15年以来，英国境内出现了前所未有的投资潮，大兴土木建造新颖且具有代表性的表演艺术会场与设施。

4. 电子游戏制作产业

英国的电子游戏制造业也不可小觑，其产出居世界第四，全世界前100位最获利的电子游戏就有26个为英国制作。英国动漫界以将学前儿童作为主角的故事短片、动漫设计等享誉世界。例如，阿德曼动漫工厂的《酷狗宝贝》系列曾获得奥斯卡金像奖，在世界上拥有众多忠实的影迷。英国动漫公司开发出"全计算机生成"（computer-generated）动漫技术，在电子游戏与电影视觉特效上得到广泛运用。电影《哈利·波特》神奇逼真的视觉特效，便是由英国动漫工作室制作的。全球最受欢迎的游戏，如《古墓奇兵》《侠盗猎车手》等均是英国制作。英国的开发人员被主要的国际电子游戏制作公司，如微软、索尼、迪士尼、任天堂等争相聘用。英国视频游戏的销售额占全球的16%，占据了英国和欧盟1/3的市场份额和美国10%的市场份额。

二、美国文化产业的发展现状

（一）发展概述

美国对文化产业的定义始于20世纪90年代初。当时，成立于1984年的美国国际知识产权联盟（International Intellectual Property Alliance，HPA）首次使用copyright Industry的概念来计算广播、电影电视、广告、通信等产业对美国经济发展所做的贡献。1990年，该组织首次研究与版权相关的产业对经济发展的影响，同时将与版权相关的不同产业归到一起。同年，《美国经济中的版权产业》报告首次发表，从扩大就业、促进出口、推动经济增长等多方面评价文化产业对美国经济的巨大贡献，此后平均每一两年发表一次美国版权产业系列报告。

在美国，文化产业被称为版权产业，主要分为核心版权产业、部分版权产业、交叉版权产业、相关版权产业四大类。核心版权产业（core industries）是指主要目的是创作、生产、传播和展览版权内容的产业，主要包括图书、报纸、期刊、电影、电视剧制作、音乐、广播和电视广播以及和所有格式的软件，包括视频游戏；部分版权产业（partial copyright industries）指在某些行业中只有某些方面或产品的一部分创造出适用于版权保护的内容，包括从服装、纺织品、珠宝到玩具和游戏等众多产业；交叉版权产业（interdependent industries）是指生产、制造和销售促进创造、生产或使用受版权保护的作品的设备的产业，包括CD播放器、电视机、录像机、个人电脑和使用相关产品的制造商、批发商和零售商；版权相关产业（non-dedicated support industries，非专门支持版权的产业）的行业分布包括那些既销售有版权商品又销售无版权产品的行业，包括运输服务、电信和批发和零售贸易等产业，在过去的研究中，只有这些产业的总增值的部分被认为是版权产业的一部分。这四大细分产业的总和被称为"全部版权产业"（total copyright industries）。

美国官方并没有明确的关于创意产业的定义，也没有明确的文化政策，但这并不影响美国文化产业的快速发展。2020年美国全部版权产业为美国经济贡献了近2.1万亿美元的增加值，是无可争议的美国经济支柱产业。其中，核心版权产业增加值高达 12356 亿美元，部分版权产业增加值有 380 亿美元，交叉版权产业增加值为 4070 亿美元，版权相关产业增加值有 4166 亿美元。美国成为全球文化产业规模最大的国家。

（二）主要文化产业

1. 影视制作

美国的电影公司大部分都集中于好莱坞地区，好莱坞已成为美国影业的标志。时代华纳、迪士尼等跨国传媒集团都在美国。美国电影产量仅占全球产量的 6%，而市场占有率却高达 80%。美国影片已取得全球市场的绝对主导地位，在世界 150 多个国家和地区放映。

美国影视创造了许多知名品牌，拥有全球最丰富的电影品牌资源，其明晰的品牌意识和强势的品牌效应在全球化时代下不断拓展。像《指环王》《米老鼠和唐老鸭》《哈利·波特》等影片在全球有着强大的号召力，通过对品牌的开发，这些影片又可以衍生出巨大的经济价值，实现滚雪球效应。

2. 图书出版业

美国出版业在全球出版业中占有举足轻重的地位，20 世纪 90 年代以来，美国就是世界图书出版业的巨擘。美国出版社的图书采用多渠道发行和销售，而主要的发行方式和渠道有以下几种：大型连锁店、中小型独立书店、专业书店、网上书店、图书馆和专业机构、读者俱乐部、大学超市、邮购直销等。

美国出版业不断与时俱进，探索求变，利用其他媒体完善自己，化消极为积极，达成了借力发展和互助发展的模式。如开辟网络出版、电子出版、多媒体出版等业务，把互联网的冲击转化为自身发展的动力；借助电视进行图书营销宣传，将电视这种强势媒介转化为自己宣传的工具和平台。

美国出版业特别注重图书的宣传和营销，它们在运作畅销书方面有着成熟的经验和一套完整的市场化操作机制。根据不同的图书特点来选用不同的广告形式、宣传媒体、促销策略，注重针对性，突出实效性。通过全方位的媒体宣传和促销策略，增强了图书的知名度和吸引力。

美国现有出版社主要包括大众类出版社、大学出版社、政府下属的少量专业性出版社。美国出版社的稿件来源有两种方式,一是作者投稿;二是代理人制度,即代理人寻找高水平的写作者,向出版社进行推荐,并代表作者与出版社谈判各种相关事宜,作者则根据图书销售情况得到相应的版税。

出版商可以通过批发商将图书销售给零售商,最主要的发行渠道则为大型图书零售店和图书俱乐部、网上书店等。像亚马逊网上书店便从事网上书籍的销售业务,网站根据多方考察和信息搜索,列出各种排行榜。这样既让消费者更好地了解到当前最热门、最流行的书籍,减少了搜寻的时间和成本,也给图书做了"广告",扩大了宣传渠道,增加了销量。

3. 软件产业

美国是世界软件强国,其软件产品占全球60%以上的市场份额,还控制着软件开发平台和软件生产的核心环节,占据着世界软件产业链的上游。占领全球制高点的经济发展策略、高度发达的市场环境和丰富的技术资源,使得美国能够以技术创新为目标,积极发展软件产业的高端领域。

目前美国软件业呈现两方面的显著变化:第一,软件服务增长快于软件产品增长,软件业呈现服务化的趋势;第二,在软件业的高速增长和成本竞争的压力下,美国将不具有核心竞争力的软件生产环节外包给人力资源成本相对较低的其他国家,现已成为全球最大的软件生产外包国。但美国还是掌握着软件开发和生产的核心环节。

三、法国文化产业的发展现状

(一)发展概述

从20世纪末开始,法国的经济增长速度放缓,失业增加,整体经济形势下滑,法国政府发现了文化产业对经济的重要作用,开始大力扶持文化产业,以促进国民经济的复苏。虽然法国的文化产业不及美国、英国那样发达,但也有其独特之处。

在政府政策支持下,法国文化产业发展态势很好。图书、出版市场等显得异常活跃,出版业成为法国的第一大文化产业,法国也成为世界图书的生产、销售和出口大国。在全球图书市场中,法国仅图书销售额和版权贸易量就占到14.7%。工业设计、电影、旅游业等也是法国文化产业发展的重点。作为创意产业重点行业之一的法国设计业,具有全球声誉。法国设计业涵盖的设计领域主要包括产品设计、服装设计、时尚设计、企业形象设计、视觉传达设计、环境设计、包装设计、设计研究等。其中产品设计占所有设计公司业务量的60%。法国的戏剧、博物馆是文化产业的重要组成部分。每年约有50000场戏剧演出,吸引着800万个固定观众。除巴黎外,还有1000多个独立的戏剧公司。法国约有1200座博物馆,每年吸引几千万参观者。还有1500多座历史建筑向公众开放,接待参观者约8000万人次。

当前,在文化产业的许多领域,法国都处于优势地位。世界最大的音乐制作、出版和发行企业是法国的环球唱片公司,世界第二大出版商是法国阿歇特出版公司,法国是世界第二大电影出口国、第三大电影生产国和动漫生产国,法国的育碧软件娱乐公司是世界第三大电子游戏开发商,法国还是世界第四大艺术品市场。

(二)主要文化产业

1. 设计业

法国的设计产业名满天下,同时也是法国重点发展的文化产业。法国设计业涵盖领域丰富,包括产品设计、时装设计、企业形象设计、包装设计、设计研究等与设计密切相关的环节。法国国内拥有专门从事促进创意和设计发展的专业机构和网络,进行相关的管理,及时发布信息和政策。网站则给设计爱好者提供交流的平台,不断汇集来自各方的好创意,进而持续提升设计水平。首都巴黎聚集了法国大部分的设计公司,提供了诸多的设计工作岗位。

法国深厚的文化底蕴孕育着灵感,而设计源于灵感。法国首都巴黎享有创意和设计之都的美誉,主导着世界时尚的潮流。巴黎每年都会举办设计方面的专业会展。这个讲究品位的国家，拥有高品质的艺术行业，其中时装设计业尤为突出，有著名的高级手工订制服务。巴黎每年都要举行针对春夏和秋冬的奢华高级订制时装展示周，成为世界各地媒体和时尚爱好者追逐的焦点，法国则利用这些机会向世界展示法国的创意、设计和时尚，扩大在国际市场的知名度和影响力。

2. 文化旅游业

文化旅游是法国文化产业的重要部分，每年大量游客从世界各地蜂拥而至，为法国带来巨大的经济利益，进而带动餐饮、娱乐、观光等产业的发展。众多的历史遗迹散落在法国各地，卢浮宫博物馆、巴黎圣母院、凯旋门、埃菲尔铁塔、凡尔赛宫等，每个景点背后都有着深厚的文化底蕴，丰富的藏品、艺术瑰宝更让人们目不暇接，这些都为法国发展文化旅游创造了得天独厚的条件。

不仅古迹吸引大量游客，法国的民间文化如个人艺术表演、美食等也让人新奇。位于巴黎城北蒙马特高地白色广场附近的红磨坊是国际化的知名品牌，这个屋顶上装有发着红光的大叶轮的法式歌舞厅，让很多人慕名而来，成为游客们的必去之地。

另外，在硬件设施上法国也毫不含糊，绝大多数景点交通便利，易于寻找。景点的指示标志清晰、统一，旅游咨询全面、快捷。与此同时，法国也注重开发延伸产品。香水、时装、葡萄酒、美食等方面的延伸产品，成为拉动旅游业增长的亮点。

法国政府中主管旅游相关事务的是经济、工业、就业和旅游部，其下属的旅游工程规划署指导协调全国各地旅游规划的编制、监督景区建设。法国地方政府是各项旅游项目的投资"主角"，但关于旅游行动尤其是大型旅游项目的筹划及其融资，要征求中央政府的同意。法国地方政府对当地旅游资源进行科学细致的规划和管理，制定发展纲领，使旅游资源合理布局，避免了重复投资和低水平开发。

3. 电影业

法国是世界电影的发源地，是世界艺术电影的百年老字号。在好莱坞风靡全球的背景下，法国电影已经成为民族电影独立与抗争的旗帜，法国的电影节则成为世界艺术电影和新锐导演寻梦与追梦的天堂。艺术电影是法国的品牌，特吕弗和让－吕克·戈达尔等艺术片大师将法国的艺术电影推上顶峰。

艺术电影不同于商业电影，制作和推广更加困难。法国艺术电影的成功需要成熟的电影推广机制、完善的艺术电影院线，辅以影响力广泛的电影节来增加声势，同时还要坚持走品牌之路。法国电影一直不乏经典之作，像《天使爱美丽》《这个杀手不太冷》《布拉格之恋》《漫长的婚约》《放牛班的春天》等多部影片获得了世界的认可和赞誉。法国政府和电影人一直没有停止对影片质量的追求，为促进法国本土电影的发展，保持自己的特色，他们从多方面采取措施。电影产业的发展需要有强大的资金做后盾，法国政府为本土电影及独立小成本电影提供政策和资金的双重支持，各影院的票房税金也有一部分用来资助影片的制作与发行。法国电影在保持自身特色的同时，也积极谋求转型，这些年法国影片开始逐渐关注社会现实，更加贴近生活，注重观众的内心感受，这些尝试也取得了观众的认可。此外，为了更有成效地促进法国本土电影的振兴，法国法律规定，电视台必须播放一定数量的本国影片，同时缴纳一定比例的收入用于新电影的制作。

电影节是法国电影产业的另外一张世界性名片，"少而精"可以说是法国电影节的特点。法国的电影节并不多，但是非常有名。比如，戛纳电影节和南特三大洲电影节都是世界电影的盛宴。在长久以来的经营运作下，法国电影节的意义都远远超出了电影节本身，演变成一场文化产业的盛会，节目拓展到学术会议、旅游观光、时装展览、明星派对、商业推广等各式活动。

四、日本文化产业的发展现状

（一）发展概述

日本是亚洲文化产业发展最快也是最发达的国家，尤其是日本的动漫产业和工业设计产业，在世界上处于绝对的领先地位。但在日本，一般不采用文化产业的说法，而称为"内容产业"。按照内容产业即是文化产业的理论，日本界定的文化产业包含十几项内容：个人电脑、工作站、网络、电视、数码影像信号发送、数码影像处理、多媒体系统构建、录像软件、音乐录制、书籍杂志、新闻、汽车导航。而按照另一部分学者的观点，内容产业仅仅是日本文化产业的一部分内容，其还应包含两部分：一是休闲产业，二是时尚产业。本书认为，后一种划分方法更全面一些。其中，休闲产业包括：学习休闲、鉴赏休闲、运动设施、学校、补习班、体育比赛、国内旅游、电子游戏、音乐伴唱等。时尚产业包括两部分：时尚设计和化妆品。

日本在1995年发表了题为《新文化立国：冠以振兴文化的几个重要策略》的报告，提出21世纪"文化立国"的战略方针，计划通过产业运作方式大力扶持、发展文化产业，于2003年制定了观光立国战略，2004年颁布《文化产品创造、保护及活用促进基本法》。总的来说，日本一直都将发展文化产业提升到国家战略的高度，对其十分重视。

总的来看，日本的文化产业领域以动漫业、游戏业、娱乐演出业、出版广告业为主。根据相关统计资料，日本的文化产业的规模约占全世界文化产业生产总值的10%。据相关研究，近年来日本文化产业对GDP（国内生产总值）的贡献率稳定在2.2%左右。按此规模计算，日本的文化产业规模仅次于美国，位居世界第二。日本文化产业规模的降低与其整体经济低迷不无关系。尽管如此，在日本国内，文化产业仍是仅次于汽车业的第二大支柱产业。

（二）主要文化产业

1. 动漫产业

日本是世界上最大的动漫制作和输出国，素有"动漫王国"之称。动漫是漫画和动画片的合称。目前全球播放的动画片中有六成都出自日本，在欧洲，这个比例更高，达到八成。在日本，广义的动漫产业成为经济的支柱产业。

日本拥有多家动漫制作公司，同时也汇聚了一大批世界顶尖的漫画大师、动漫导演和动画绘制者。传媒手段的不断进步和完善，为日本动漫市场的开拓和延续提供了良好的条件。在中国，许多孩子都是看着日本的动漫作品长大的，著名的动漫作品有《樱桃小丸子》《名侦探柯南》《蜡笔小新》《海贼王》等。

2. 电子游戏产业

电子游戏产业已经成为日本经济的重要支柱之一，从20世纪60年代初"街机"上市，到六七十年代之间开发"家用游戏机"，再到八九十年代的"掌上游戏机"，经过30多年的耕耘，日本已经把电子游戏这棵"摇钱树"培育成第一时尚娱乐产业，在全球曾产生过垄断性的影响。

日本最著名的游戏制作公司任天堂开发和推广的王牌游戏"超级马里奥"系列风靡全球；另一个游戏"俄罗斯方块"也毫不逊色。之后，任天堂的主要业务逐渐转向电子产品方面。时至今日，电子游戏业为日本带来了巨额利润。全球电子游戏市场份额中，日本掌握了90%以上的硬件和50%以上的软件，其在全球电子游戏业的地位可见一斑。

近年来，日本游戏行业的发展状况却趋于恶化，其行业本身也充斥着强烈的悲观情绪。从总体来看，其中有短期难以改变的行业背景，例如日本人口不断减少与老龄化带来的游戏市场萎缩、周边经济体在游戏技术与创意水平上的崛起、日渐增高的开发成本与运营费用使其在市场竞争中处于劣势，等等，但依旧不可否认日本在电子游戏方面所获得的成功。

第二节　外国文化产业的发展措施

一、英国文化产业的发展措施

英国是以政府为主导发展文化产业。因此，在英国文化产业的发展中处处有着政府的身影，这点与美国的文化产业发展模式大相径庭。但是这种模式同样取得了巨大的成功，为促进文化产业发展提供了良好的基础和平台，极大促进了英国文化产业的发展。

（一）成立文化产业规划小组

政府的大力支持，被认为是英国文化产业成功发展的关键。英国政府对文化产业的发展极为重视，从一开始就成立了以首相为主席的专门小组负责协调、处理、规划文化产业的发展，努力为文化产业的发展构建良好的外部环境。在首相的协调下，及时跟踪国际文化产业市场最新变化、合理界定文化产业的发展方向、迅速出台促进文化产业发展的政策措施和各种税收优惠都成为可能。政府首脑的坐镇，也有利于各个部门的积极配合。

（二）合理规划文化产业分工

英国在进行文化产业规划时，选定的都是一些发展比较快、基础环境比较好的产业，这些产业运作得一般都较为成熟或者有一定的经验，产业的上中下游都较为完整，这样就能保证产业上下游之间形成有效的衔接，以便互相支撑，互相促进，共同发展。合理的规划为文化产业的快速发展打下了坚实的基础。

（三）注重培养文化产业人才

优秀的人才参与到文化产业当中，是英国文化产业能持续健康发展的重要因素。英国较为注重对专门人才的培养。政府通过论坛、会议等多种形式，建立起高校与文化创意企业之间沟通的桥梁。同时，根据文化产业发展的要求，高校也适时增加相关课程的设置，供感兴趣的学生学习。另外，还将文化创意人员的培训工作接入高校课堂，高校设立多种课程供在职人员进修学习，提高自身素质。英国政府还利用网络手段以及其他教育培训机构，和外国的文化创意人才进行及时沟通，不断提高英国文化产业人才的水平

（四）加强财政资金的大力支持

对20世纪90年代的英国而言，文化产业属于新兴行业。此时的产业发展，需要大量资金的支持。而与传统行业不同的是，文化产业的从业者很多是中小型企业，甚至是个人。可是对银行等融资平台而言，新兴行业风险巨大，前途不明，贸然投资必然不是最好的选择。因此，政府必须在产业发展的初期进行大力

扶持。英国政府每年都会向文化产业领域投入大量拨款，为文化产业的发展提供基础资金。另外，政府还通过注入部分资金的办法，引导社会资金进入文化产业领域，通过政府主导设立文化产业风险投资基金等方式，促进文化产业的发展。同时，英国政府通过协商推动英国国家科学技术与艺术基金会（NESTA）等组织为具有发展潜力的文化创意企业提供资金支持。除此之外，英国政府还设立专门部门，负责为文化产业从业者提供具有资金支持能力的组织的相关信息，为文化创意企业提供信息渠道。由此，形成支持文化产业发展的融资网络，解决文化创意企业发展过程中最困难的资金问题。

（五）大力发展文化产业园区

英国政府在全国设立了多个文化产业园区，并在产业园区内合理设置了相关机构，提供一整套完整的服务，如伦敦西区、曼彻斯特北部园区、谢菲尔德文化产业园区均已成为全球著名的文化产业园区。通过设立文化产业园区，在园区内为文化创意企业提供一系列的支持和服务，采取多种措施扶持文化创意企业发展，促使文化创意企业在政策保护下发展壮大。英国的事实证明，文化产业园区对促进文化创意企业的发展发挥了巨大的作用。

（六）积极开拓国际市场

英国政府积极参与文化产业国际市场的交流，十分注重开拓文化产业的国际市场。英国政府认为，加强与其他国家在文化产业方面的交流与合作，有利于消除贸易壁垒，实现共同发展。更重要的是，英国政府自1998年起就成立了专门为文化产业向国际市场出口的咨询机构——创意产业输出顾问团，为文化创意产品的出口提供必要的咨询和协助，并协调不同部门文化产业的出口活动。这一做法不仅加强了文化产业与政府的合作，还促进了金融机构对创意产业的了解，从而为文化产业更有效地开拓国际市场提供了机会，使得文化创意企业在必要时能够得到政府和金融机构的海外发展援助。

二、美国文化产业的发展措施

美国文化产业的发展主要由市场主导，但是，政府的支持作用也不容忽视。通过政府部门颁布的各种立法以及行政措施的引导，为文化产业发展提供了良好的外部环境。

（一）注重高科技的投入

美国政府非常注重加强高科技在文化产业中的投入和运用，这是促进美国文化产业快速发展的主要因素之一。美国有较为完善的市场机制，这使得一旦有良好的文化产业投资机会，就会在第一时间得到有价值的高科技的支持，使创意产业借助高科技快速上位。反过来，高科技投入在文化产业获得成功后，会进一步支持科技研发投入，形成高科技和文化产业互相促进、共同发展的良性循环。

（二）鼓励大型文化集团发展

美国为了发展文化产业，扩大其在全球市场的影响力，鼓励大型文化集团兼并与联合，推动具有全球竞争力的跨国文化产业集团的形成，如时代华纳、迪士尼等。这些大型跨国集团在全世界范围内建立了庞大的连锁机构和营销网络，完成了对全球文化市场的占有和垄断。

（三）加强立法，重视版权保护

虽然美国是文化产业发展规模最大的国家，同时也是最大的文化产品出口国，但是美国至今也没有设立文化部，甚至没有出台过正式的官方文化政策。可这并不影响其对具体的文化产业进行立法，规范行业行为。美国的第一部版权法可以追溯至1790年，后来又在1976年制定了新的《版权法》，并在之后随着时代发展多次修改《版权法》以保护版权，同时配套《半导体芯片保护法》《跨世纪数字版权法》《电子盗版禁止法》《伪造访问设备和计算机欺骗滥用法》等一系列版权保护法规，形成了全球保护范围最广、相关规定最为详尽的版权保护法律系统。美国认为，文化产业损失和盗版直接相关，因此为了保护文化产业的发展，美国有着完善的版权保护体系和严格的版权保护制度，并在全球范围内不断开展打击盗版的活动，而且运用《1988年美国综合贸易法》迫使其他国家加强对美国文化创意产品的版权保护。

当前，美国贸易赤字不断扩大，作为美国出口最重要的部分，版权产业在出口和海外销售上依然不断保持高速增长，这又使得美国强化了对其版权保护的力度。美国政府虽然没有设立文化部，但有相当多的机构在负责版权保护工作。比如，在国会设有版权办公室，专门负责版权的登记、申请、审核等工作，以及为国会等行政部门提供版权咨询；美国贸易代表署、商务部国际贸易局和科技局、海关都插手版权的贸易谈判、进出口审核等。同时，还有一系列隶属于政府部门的负责版权保护的小组，如"美国国家信息基础设施顾问委员会""信息政策委员会"等。

（四）融合多元文化，立足全球市场

美国是一个多民族、多文化的国家，多元文化经过多年的互相融合、互相渗透，形成了独特的文化思维和习惯，使得文化产业在发展过程中能够融合各民族不同的特点，并形成文化元素的创新，为文化产业的发展提供了良好的外部环境。

美国实行对内管制宽松、对外扩张的文化战略，其多元融合的文化特点让其可以形成具有国际视野的文化产品并推向国际市场。例如，美国的电影生产总量只占世界电影产量的6%~7%，却占据了世界总放映时间的一半以上，全球正在放映的电影有85%来自美国好莱坞。同时，美国允许全球资本进入美国文化领域，鼓励非文化部门和外来资本的投入，这就比较容易形成文化产业的跨国经营形态。宽松的环境和全球视角，使得逐利的国际资本大量进入美国文化产业，形成了庞大的产业规模。

三、法国文化产业的发展措施

面对国际市场上激烈的竞争，法国一直采取积极的应对措施，支持文化产业

的发展,注重文化与国家形象的相互结合,保持自身文化的独特性、完整性,对外倡导文化多样性,在开放与保守之中寻求法国文化产业的特色发展之路。

(一)财政支持

法国历届政府均高度重视文化事业和文化产业的发展。近年来全球金融危机席卷法国,给法国经济造成重创,但法国政府扶植文化产业发展的决心和政策没有改变。法国前总统萨科齐表示:"我希望文化是法国应对世界经济危机的方法。"在全球金融危机中,法国政府仍对文化产业给予了财政支持。文化产业成为法国恢复经济、应对金融风险和保持经济稳定运行的支柱产业。法国政府为支持文化产业发展制定了一系列优惠政策。

(二)政策支持

作为文化艺术大国,法国政府对文化产业予以高度重视,鼓励艺术创作和创新,采取"公共投入为主、国家扶持、多方合作"的政策。文化产业以文化和艺术为主轴,具有鲜明特色。

(三)坚持"文化例外"的原则

值得特别指出的是法国政府在发展文化事业、文化产业时,在政府管理及政策制定上,坚持"文化例外"的原则。

法国在欧洲乃至全球一直以其悠久的历史文化自傲。法国政府强调文化产品的特殊性,不可与一般产品等量齐观。在"文化例外"原则指导下,法国政府对影视业予以保护,同时致力于建立统一的欧洲影视市场与强大的美国好莱坞电影产业相抗衡。在美欧自由贸易谈判中,法国前总统奥朗德坚持要求将保留"文化例外"体系作为同意谈判的"红线"。法国一名高级官员说:"我们的立场很明确。如果视听产业不被排除在外,我们就不会允许启动谈判。"在法国政府支持、保护下,法国影视业保持了自身的个性,发展很好。

四、日本文化产业的发展措施

与英国类似，日本的文化产业也是以政府为主导的，但又不同于英国模式。因为与英国相比，日本的地方政府有更大的自主权。第二次世界大战后，日本不仅实现了经济的快速腾飞，一跃成为世界第二大经济体，而且其多数产业的技术含量在全球遥遥领先，这与整个国家对文化产业的重视密不可分。日本的地方政府在促进本国文化产业方面发挥了更为重要的作用。

（一）通过立法规范文化产业发展环境

为了给文化产业发展提供良好的外部环境，日本政府先后制定了一系列完善的与文化产业发展息息相关的法律法规。2001年日本国会提出了《振兴文化艺术基本法》，明确提出对漫画、电影等文化创意产品的知识产权进行保护。同时，为了维护文化创意产品著作者的权利，修改了《著作权法》并更名为《著作权管理法》。2004年5月，日本国会通过了《创意产业促进法》。这在日本文化产业发展史上具有里程碑的意义。该法规定了国家、地方政府、公共团体都有义务积极推动扶持文化产业的发展。另外，《IT基本法》《文化艺术振兴基本法》《知识财产推进计划2005》等多部法律法规都为日本文化产业发展提供了良好的外部环境。

（二）政府主导成立文化产业投资基金

日本政府为了引导文化产业的发展，于2000年联合银行、证券公司及其他民间企业共同成立了创意产业投资基金，投资于电影、电视等文化产业。随后，日本政府采取多种措施，制定了一系列文化产业投融资制度，包括成立政策性投资银行，并且放宽了对文化产业的限制，允许以著作权等为抵押向银行融资。政策性投资银行的成立，对促进文化产业的发展起到了极大的促进作用。另外，政府制定多项政策吸引民间资本进入文化产业领域，扩大了文化产业的资金来源。实践证明，日本的民间资本在文化产业发展中正发挥着越来越重要的作用。

（三）发挥民间行业协会的推动作用

日本与其他国家不同，具有很多文化行业协会，而且几乎每个行业都有自律性的组织或者机构。这些自律性的组织或机构以法人形式存在，负责规范行业内的行为，维护会员合法权利，其作用类似于延伸的政府组织。这些自律性机构在文化产业发展过程中也起到了巨大的推动作用。

（四）注重海外市场的开拓

日本政府十分重视文化创意产品的海外输出，一方面在国家战略中明确提出日本政府和驻外使馆有义务帮助开拓文化创意市场，积极帮助企业走出国门，开拓海外市场；另一方面建立了专门的机构打击盗版行为，在海外活动中强化日本文化创意产品的形象，维护日本文化创意产品的利益，对海外市场的侵权行为通过诉讼进行维权，多种措施促进日本文化创意产品的出口。

（五）重视对文化产业人才的培养

日本政府十分重视对文化创意人才的培养。在2005年公布的《知识产权推进计划2005》中，明确强调要注意培养文化创意人才。近几年，日本政府扶持在高等院校中设立与文化产业相关的专业，进行全面的人才培养。值得提出的是，日本在影像制品制作产业振兴机构中设置了专门的人才培养部门。同时，日本政府还注重调动文化创意人才投身文化产业的积极性，通过政府组织各类评奖活动的形式吸引更多年轻人投身文化产业，有效推动了文化产业的发展。

第三节　外国文化产业发展对我国的启示

从发达国家、新兴国家及地区的文化产业发展历程与经验看，实现文化产业持续、均衡、全面发展，可以借鉴下列发展措施。

一、制定政策支持体系

在文化产业发展过程中,通过制定、完善相应的政策支持体系,对文化产业进行综合的、有重点的支持与调控,至关重要。即便是以市场主导模式发展文化产业的美国,也在对外贸易规则等方面对文化产业发展提供一定的支持,其他国家更是纷纷仿效。美国是最先提出保护本国文化产业的。在1950年的《佛罗伦萨协议》中,美国坚持协议应有"保留条款",允许各国不进口那些"可能对本国文化产业发展构成损害的文化商品。"然而,当国际市场对于美国文化产业的发展越来越重要时(1996年文化创意产品出口首次超过汽车等传统工业的出口,上升为美国出口的第一产业),美国也越来越坚持全球文化市场的自由开放,反对法国、加拿大等国通过贸易壁垒、政府补贴、配额制等形式对外国文化产业活动的限制。到20世纪90年代初,这一原则逐渐为法国人所借用以反对美国文化的入侵,在关于关贸易协定谈判中,法国人敏锐地意识到国家和民族文化独立的重要性,坚决而果断地提出反对把文化列入一般性服务贸易,认为在文化领域不能适用WTO(世界贸易组织)贸易自由原则。与此同时,法国尽力在欧盟内部推动"无国界电视"等,并对欧盟视听媒体中的"欧洲内容"的比例做了规定,目的就在于限制好莱坞和美国其他视听产品的入侵。随后其他欧洲国家和加拿大等国家也纷纷响应,支持这一主张,最终确定了界定"文化例外"的六条标准,其主旨就在于保护本国文化不遭受别国文化的冲击。

发达国家和新兴市场国家在制定文化产业的产业政策以及规划时,一般是围绕改善文化产业的整体环境,建设文化产业发展所需要的基础设施(例如网络平台、基地平台),从整体上改善文化创意企业的竞争能力等方面展开的,不过多地涉及微观领域。由于文化产业需求、技术、产品、组织形态、商业模式变化迅速,中小企业是主体,竞争激烈,企业淘汰率高,因此政府不宜过多地介入微观领域。

在产业政策实施时,发达国家和新兴市场国家也是政府引导,多主体共同推进。例如,发达国家的文化产业投融资政策,就是由多元主体共同进行的。美国文化产业除政府投资外,还大量吸收非文化部门和外来投资,来自各大公司、基金会和个人捐助的数额远远高于各级政府的资助。美国还形成了比较完善的融资体制。

发达国家的文化产业政策，注重宏观，突出重点，多主体共同推进，是我国政府制定文化产业政策时可借鉴的。

二、加大文化产业资金投入

从发达国家的发展经验可以看出，凡是文化产业发展较快的国家，无一不是加大对文化产业的资金投入，这些国家或由政府直接投资，或引导社会资金投入。

比如，英国政府对文化产业的支持大大推动了这一产业的发展。政府支持的一个重要途径，就是加大对文化事业的直接投资。正如英国前首相托尼·布莱尔所说："我们认识到了对文化艺术进行政府补贴的重要性——资金规模增长到了每年4亿英镑。免费参观国有博物馆和美术馆的人数增加了3000万，这些人有机会目睹了举世闻名的藏品。这些数字体现了英国人对待文化的独特方式。"英国艺术委员会的基金在过去10年按可比价格计划增长了73%，其中剧院基金规模翻了一番多。由此，英国新建了100多个文化艺术设施，近500个原有的文化艺术设施得到修缮。文化媒体部对博物馆的投入在2008年达到3.36亿英镑，比1997年增长28%，投入的增长主要用于国有博物馆的免费参观，游客人数增长了40%，博物馆自身盈利能力也得到大大提高。

三、完善文化产业法律法规

文化产业的核心活动是创新，核心资产是作为创造力凝结的成果——知识产权，最终走向市场、获得产业化发展的关键在于通过创造性产品和服务的生产、扩散、转移、消费，经营知识产权获取收益。如果缺乏法律法规的认可和有效保护，单纯依靠创意获取收益则不可能实现。因此，需完善文化产业法律法规，营造文化产业发展环境。

发达国家十分重视对文化产业的立法保护。法国曾先后出台了《保护及修复历史遗迹法》(1962和1967)、《古迹保护法》(1967)、《建筑法》(1977)、《图书单一价格法》(1981)以及《著作法》(1986)等,突出政府对文化产业发展的行政庇护与大力扶持。1994年8月4日,法国议会表决通过了《关于法语使用的法案》,该法案规定:在法国境内出版的各类出版物必须有法语的概述;严禁在各类公告和广告中或在电台、电视台播送的节目中(外语节目除外)使用外语;在法国国内举办的各类研讨会,法国公民必须使用法语进行大会发言;等等。对违反该法案的将处以罚款。

美国文化产业的发展多通过制定相关法律、法规来保障,其中最为关键的两部法律就是《国家艺术及人文事业基金法》和《联邦税收法》。这两部法律通过税收优惠条款来积极鼓励文化产业的发展。与此同时,美国政府非常重视版权保护,1790年便制定了第一部版权法,此后不断扩大版权保护领域,逐步形成了涵盖美国国内所有版权领域的法律体系。此外,美国政府还不断放宽文化产业的政策条件,如1996年2月,美国通过修改后的《联邦通信法》,使得美国成为在全球范围内率先对传媒产业放松规制的国家,此举无疑刺激了美国文化相关产业的快速发展。

四、注重文化创意人才培养

人才是文化产业发展的基础。注重人才培养,以良好的机制激励人才成长、吸引人才投身文化产业,是文化产业较为发达国家的一个成功经验,也是产业获得大发展的一条必由之路。

美国对文化管理学的研究和文化人才的培养处于领先地位。美国有多所大学开设了与文化管理相关的课程,文化管理已成为大学里的一门独立学科,形成了从本科、硕士到博士的全方位人才培养体系。除了在本土培养人才外,美国还从各国引进大量优秀文化产业人才,促进美国多元文化的相互融合,促进美国文化产业的发展和进步。

五、发展科学技术推进文化产业发展

文化产业的存在与发展,建立在现代技术体系之上。互联网、广播网、软件、3D打印、电子技术等基础设施和技术的存在与发展,为文化产业提供了市场、需求、销售与展示平台,同时也改变着文化产业的生产模式、销售模式、产品形态、商业模式。例如,现代版权产业的营运模式就是以"创意+科技+资本"为经营理念的。当代电子技术不断改变着电影、电视节目的形态,通过现代技术手段,电影、电视节目的表现力得到了空前的增强。随着技术的发展,通过手机观看电影、电视节目已经成为时尚。

科学技术的进步,使核心文化内容可以"跨媒体叙述",增加了核心文化内容的张力。例如,以《三国演义》为蓝本,可以出版小说、连环画,也可以改编成动漫、游戏甚至扑克牌。又如,实体博物馆可以予以数字化,成为"网上博物馆"。从某种意义上说,所有文化创意产品都可以虚拟状态存在于网上,从而改变人们的消费与观赏方式。

可以说当代科学技术创造了当代文化产业。科学技术落后的国家,文化产业必然落后。能够及时把科学技术成果应用于文化产业的国家,必定在文化产业发展、竞争中占据优势。

科学技术在文化产业中的广泛应用,使文化产业在很大程度上带有科技竞争的色彩。美国文化产业的成功,很大程度上就是源于科技创新和科技创新成果的创新应用。美国是全球科技创新最活跃、最领先的国家,其文化产业具有较高的科技含量。如果缺少了电视、电影、计算机、手机、3D打印机这些现代科技成果的支撑,美国文化产业优势就不会如此显著。尤其是在大众传播媒介领域,印刷复制、录音录像、电子排版、网络传输、数字化、地球通信卫星等高新技术的广泛应用,使美国文化产业占领全球市场的竞争优势。

要充分发挥科学技术在文化产业中的作用。第一,要加速有关领域的科学技术创新;第二,要通过政府协调,使文化政策与科技政策、文化创新活动与科技创新活动相结合;第三,要通过政府和中介机构有效地推动产业融合;第四,要培养熟悉技术发展与文化产业运作的复合型人才，允许突破既有的体制、规则进行技术创新、技术和文化结合的创新、商业模式的创新；第五，要通过政府有效协调，推动"官、产、学"结合，相关产业结合，使文化产业能够尽早、尽快地吸收相关的先进科技成果，并且迅速转化为文化产业的研发和生产能力。

第三章　我国文化产业概述

第一节　我国文化产业的发展

一、我国文化产业的发展历程

（一）文化产业的起源

文化产业最早于1992年进入我国，一进入便在我国掀起了对于文化产业的大讨论。1992年，国务院办公厅发布《重大战略决策——加快发展第三产业》一书，其中明确提到"文化产业"一词。此后，我国文化产业的格局发生了根本性的变化。一份来自1999年5月北京市统计局的数据显示，当年文化行业与旅游行业所创造的增加值约为281.2亿元，占全市生产总值的14%。1996年，分布于我国各大中城市的报纸共2202种，相比1978年增长近12倍。报纸的种类也迅速地增加了，由原来的以各级党委机关报为主发展到多种类报纸并存，出现了法制类、经济类、国际时事类、观点类、文摘类、学习类、文化类、休闲类、生活服务类等报纸，还出现了都市早报、都市晚报、星期刊、周末报、都市快报等。报业的经济效益也十分可观：1996年全国报业的广告总收入就高达77.6亿元，占当年全国广告收入额的21.2%。不仅是平面传媒的发展，在立体传媒方面也取得了巨大的进步。1980—1998年，遍布于中国大中小城市的电台、电视台分别从原来的106家、38家增长到1244家和880家，分别增长了10.7倍和22.2倍；电视人口的覆盖率从49.5%增加至87.5%，增长了38%。有线电视网已经遍布我国绝大部分城市，初步形成一个规模巨大、全面覆盖的有线广播电视专用传输网络。

1992年以来，我国的音像制品业也取得了较大的发展。据统计，1998年10月至1999年3月，全国35家光盘加工复制厂，近百条光盘生产线，一直满负荷运转，仍不能满足订货需求。音像业的发展不仅极大地刺激了我国流行音乐和卡拉OK的发展，而且拓宽了所谓的"后电影市场"，使电影除了票房收入以外，还可以制成音像制品来获得经济利润。尤其值得一提的是，20世纪90年代以来我国的互联网业发展也非常迅速。据调查，在我国，1999年上网计算机146万台，其中专线上网25万台，拨号上网121万台；上网总人数为400万人，其中专线上网76万人，拨号上网256万人，两者兼备68万人；互联网站点数约9906个。从用户的地域分布看，居前三位的是北京、广东、上海，分别占21.02%、11.77%和8.71%。在这一时期，一些经济开放程度较高，经济发展较快的城市首先发展起文化产业来，这一时期也初步形成了三大城市圈（环渤海、长三角、珠三角）文化产业带。

（二）文化产业的发展

进入21世纪，文化产业在一系列政策支持下得到飞速发展。2000年10月，第一次正式提出了"文化产业"这一概念，要求"完善文化产业政策，加强文化市场建设和管理，推动有关文化产业发展……引导文化娱乐、教育培训、体育健身卫生保健等产业发展，满足服务性消费需求"。一些省会城市开始了文化产业的引进与发展，比如沈阳、长春、武汉、郑州、太原、合肥以及西安、重庆、成都等，这些城市的发展一般采用交叉发展的模式：一方面，这些城市继续发展其制造业，尤其是高端制造业，以保持我国的实体经济的产值在整个国民经济产值中的份额，同时接纳东部地区制造业的区域转移；另一方面，这些城市还可以发挥其资源集中、人才云集的优势，发展文化产业，比如在高科技的技术创新方面和文化内容创新方面。典型的例子是武汉的光谷。由于武汉是国内著名高校集中的地区，创新人才集中的地方，因此它也具备了文化产业发展的部分条件。这一时期文化产业的发展取得了巨大的进步，并且快速地追赶世界先进文化产业的潮流。

(三)文化产业的升华

2006年是我国文化产业的元年,也是创意产业广泛普及以及被民众认可接受的第一年。到了2007年,创意产业的聚集现象引起了人们的重视。在产业走向聚集的大背景下,我国文化产业呈现出新的发展态势和趋向。北京市借助2008年奥运会的举办,为文化产业的发展打造了良好的政策氛围并持续至今。

目前,北京拥有30个文化产业聚集区。这些创意产业聚集区对文化产业的发展起到了示范和引导作用,吸引了一定数量的龙头骨干企业。不仅是北京,在金融中心城市上海和深圳,在中西部城市西安和成都,在南部的昆明和三亚,每一个城市都结合自身的优势条件,大力打造创意城市。在政策的积极推动和社会的广泛参与中,文化产业得到迅速发展。

二、我国文化产业的发展现状

(一)文化产业规模不断扩大

我国文化产业增加值逐年大幅度攀升,增速明显高于部分新兴产业的增长速度。

(二)文化产业空间布局轮廓日益清晰

我国发展文化产业的资源非常丰富,资源优势转化为产业优势的潜力巨大,文化产业集聚化发展趋势日益明显,并通过自下而上式或自上而下式发展形成各个特色鲜明的文化产业基地、园区或集聚区。目前全国已初步形成六大文化产业聚集区:首都文化产业区;以上海为龙头,包括杭州、苏州、南京的长三角文化产业区;以广州、深圳为代表的珠三角文化产业区;以昆明、丽江和三亚为代表的浪海文化产业区;以重庆、成都、西安为代表的川陕文化产业区;以武汉、长沙为代表的中部文化产业区。北京市以"金融创新+科技创新"发展模式,上海市以"工厂改型+园区聚集"发展模式,形成"一轴(延安路城市发展轴)、两河(黄浦江和苏州河文化产业集聚带)、多圈(区域文化产业集聚地)"的空间布局。文化产业布局表现出空间集聚化。

（三）产业内容体现本土化、差异化

我国各地区、城市在发展文化产业的过程中，注意挖掘本地的文化遗产和资源，对其进行整合、创新和整体提升，将地方特色融入创意中，逐步形成了自身独特的发展思路和行业特色。如上海利用其近代遗留下来的工业建筑遗产，规划建设了一批文化产业集聚区，形成设计类文化产业与历史建筑改造相结合的发展模式；长沙凭借其丰富多样的文化资源，涌现出享誉全国的影视、出版和动漫产业。《超级女声》《快乐男声》的制作、"蓝猫"及其衍生产品的销售等都彰显了长沙的城市文化个性魅力。

三、我国文化产业的发展特点

（一）区域发展不平衡

我国的文化产业在全国范围内发展目前尚不均衡。总体而言，东部发达地区的文化产业发展较为迅速，并且更具活力；在西部，由于市场机制的健全程度，资源的聚集程度，人才的数量和素质等指标都不及东部发达地区优越，因此，并未出现全国齐头并进的局面。我国文化产业发展较快的城市大多数分布在东部地区。总体而言，东西部的差异首先体现在发展方式不一致：东部地区经济较为活跃，市场体系较为完善，融资渠道较多，加之信息灵便，文化消费市场的潜力巨大，消费能力较强，这些有利条件决定了东部地区是通过市场化的机制来推进文化产业的发展，文化产业与市场经济结合得非常紧密，市场化的程度较高；而西部地区的文化产业则更注重依靠政府来推动文化产业的发展，而且文化产业往往因成为当地的支柱产业而受到政府的特别重视与大力扶持。其次，从文化产业的存在形态来看，西部地区主要是充分利用本地区丰富多彩的文化资源（尤其是民族文化资源）来发展文化产业；而东部地区主要强调的是个人在文化活动中的创造性和风险投资的介入，因此就更加注重保护由创意成果所形成的知识权。最后，东西部的差异还表现在文化产业的发展空间上：东部地区的文化产业

发展对城市依附性较大，很多文化产业离不开城市的作用，而西部地区在发展文化产业方面对城市的依附性则相对较小。

（二）发展领域不平衡

在我国的文化产业中，咨询、设计、电信软件占到了文化产业市场份额的80%。国家在这些方面也制定了许多政策和法规，规范、支持、引导这些产业的发展。相对于这些发展较成熟的产业，其他的创意产业的发展还处于起步阶段，所占的市场份额还比较小。这说明我国的创意产业发展不仅存在着区域上的不均衡，也存在着领域上的不均衡。

（三）整体处于初级发展阶段

与发达国家的文化产业相比，我国的文化产业才刚刚起步，还停留在追赶先进的文化产业理念和模式的道路上，还没有真正地结合我国的实际情况发展出能在世界立足的文化产业。举例来说，我国是一个历史悠久的国家，在绵延千年的历史长河中有许多优秀的世界级文化艺术瑰宝。但是，我们却让别的国家抢占了先机。美国就曾经根据中国武学的精神和武术拍出了《功夫熊猫》这样一部电影，取得了较高的票房收入。

第二节 我国核心城市文化产业的发展

进入21世纪以来，我国各地区文化产业得到快速发展。文化产业一方面推动了城市经济发展、文化繁荣，一方面成为城市的亮丽名片，提升了城市的品位和形象，带动了就业。因此，我国的大城市都高度重视文化产业的发展。其中北京、上海、深圳、天津、广州、重庆、杭州、长沙、大连、哈尔滨、西安、成都、昆明等地发展尤为迅猛，成为文化产业发展的核心城市。北京、上海、广州、深圳、长沙、青岛等城市则成为全国文化产业发展的龙头。

一、北京文化产业的发展

一直以来，北京的文化产业发展势头强劲。北京市已经把发展文化产业作为一项重要的战略决策，是增强自主创新能力、建设创新型城市的有力举措。北京市作为中国的政治、经济、文化中心，具有科研、人才、市场、信息、文化的独特优势，创意产业每年都创造出可观的产值增加额。可是，文化产业的发展还存在着一些制约因素，如产业资金短缺，融资难，市场准入限制多，结构型、复合型人才短缺，产业的知识产权保护模式虚化等，需要制定相应的产业政策为文化产业的发展营造更和谐的市场环境，充分利用潜在资源优势促进创意产业的健康发展。

二、上海文化产业的发展

上海是我国率先发展文化产业的城市。在实践推进中，上海文化产业在不断创新、突破和发展，总体上看，上海在文化产业的发展上一直居于全国领先地位，这体现在多个方面，包括产业规模持续扩大，产业结构不断优化；产业载体日趋多元化，重大项目的集聚效应和品牌效应显现；企业活力增强，"大、中、小"各种所有制企业齐头并进；产业空间布局向"一轴、两河、多圈"集聚，呈现产城融合态势。

文化产业正在成为引领和支撑上海新一轮发展的支柱产业，对上海全市经济发展的贡献率逐年提高。

三、广州文化产业的发展

广州快速增长的经济和广阔的市场前景，使其成为我国投资最集中的地方之一，将吸引世界各国文化产业不断涌入。对广州文化产业来说，还面临国内先进城市及周边城市的竞争压力。近年北京、上海、杭州、天津等城市纷纷出台政策扶持文化产业发展，使得国内文化产业竞争日趋激烈。

四、深圳文化产业的发展

作为全国较早发展文化产业的城市，深圳早在2003年就将文化产业列为与高新技术产业、现代金融业、现代物流业并立的四大支柱产业之一。多年来，深圳坚持创新驱动发展战略，培育"文化+"新型业态，打造领军企业和知名品牌，提升文化产业的发展质量，依托市场、产业和科技优势，深圳率先探索出"文化+"的发展模式，使文化产业在促进经济转型升级和结构调整中发挥出重要的示范作用。

五、长沙文化产业的发展

文化产业已成为长沙名副其实的支柱产业，而随着大项目、大园区、大产业带的建设推进，长沙文化产业正迎来大爆发。

近年来，长沙按照错位发展、协同发展、集聚发展的理念，努力推动长沙文化产业发展形成"两带、三圈、四极""五城、六廊、十园"的总体布局。文化产业的发展沿"两条主线"展开：一是以历史文化遗产与特色优势资源为主线而展开的文化产业；二是以现代文化创意与数字网络平台为主线而展开的文化产业。长沙已初步建成国家文化产业示范园、国家数字出版基地、国家广告创意产业园"两园一基地"格局。

六、青岛文化产业的发展

青岛发展文化产业具有得天独厚的优势，黄海之滨的青岛以岛上"山岩耸秀，林木翡郁"而扬名天下，是著名的文化名城，特别是在近代史上占有重要的地位。今天青岛是我国重要的经济重镇，拥有我国最大的矿石和原油码头，是北方最大的集装箱港，也是我国著名的"品牌之都"从全国区域经济布局上看，青岛地处环渤海经济圈的核心区域，所处的我国北部沿海的黄金海岸，在我国对外开放的沿海发展战略中占有重要的地位。在这些优势条件下，青岛的文化产业发展开始全面展开，已经初具规模。

第三节 我国文化产业发展路径分析

一、我国文化产业发展面临的问题

我国文化产业发展虽有成绩，也有好的发展机遇，但在发展过程中也面临着一些问题。

（一）经济社会环境不够理想

与目前消费总体水平和人均GDP相比，我国文化消费相对比重下降，总量过低的状况比较突出，有利于产业发展的经济社会环境尚未很好地营造起来，还有很大的改善空间，主要表现在：文化体制改革尚待深入和全面化，文化产业化意识还没有真正形成，文化产业的发展需要发达的经济做支撑，但中国经济还有很大的发展空间，对文化产业的投入还明显不足，工业化程度也对文化产业的发展造成一定制约，激励创新、包容创意的氛围还不够浓厚，文化产业的基础设施以及公共服务体系也尚未有效构建。我国文化产业消费市场未打开的原因主要有三个方面。首先，我国城乡之间不同阶层居民之间收入差距过大。目前，我国的大多数居民处于中低收入阶层，是基本的消费群体。但是，由于收入过低，所以他们扣除必要的开支以后，可用于文化产业消费的支出就少，消费能力严重不足。其次，目前我国正处于市场经济的转型期，大众消费能力尚受限制。最后，目前我国的消费主体对文化产业和文化产品的认识还不高，致使娱乐性文化消费缺乏其应有的市场。

众所周知，思想观念对行为具有极大的作用。如果一个人从观念上认识到应该从事某项行为，那么这项行为才可能转化为实际行为，它也才可能取得真正的效果。否则，如果思想观念认识不到位，即使行为发生，执行效果也不尽如人意。目前很多地方对文化产业的认识不足，没有充分认识到文化产业在加快经济发展、促进就业、扩大地方知名度等方面的作用，因而在思想上、认识上没有真正重视文化产业。

由于许多地方还没有认识到文化产业对经济增长和社会发展的巨大促进作用，因而没有从思想观念和行为上推动其发展，其结果是文化产业的制度建设滞后于现实的需要，产业基地建设和重要基础设施不能满足消费者的需求，相关的法律法规也不健全，产业政策亟待修正，服务体系和激励机制也需要重新完善。要想使文化产业真正蓬勃发展，必须健全相关制度，发挥制度在减少交易成本、遏制机会主义行为、提供正激励方面的作用，通过制度规范产业发展秩序，为各主体提供完善的保障。只有这样，无法可依、执法不严、违法不究的乱象才有可能得到根治，随意侵犯相关主体合法权益的行为才可能得到制止，健康有序、持久稳定的文化市场秩序才可能真正建立起来，也才有可能实现该产业的可持续发展。

（二）产业发展基础比较薄弱

文化产业领域目前规模小、层次低、松散型的状况仍比较明显，经济效益不高，竞争力不强，资源整合不够，规模效应和品牌效应较差，适应市场、开拓市场能力较弱，特别是缺乏具有自主知识产权和核心竞争力的骨干文化企业。文化资源的分散主要表现在以下几个方面：

首先，信息业、传媒业、演艺业等行业目前的经营模式是各自为战，彼此间缺乏行业间的合作。其次，像广告业，企业数量虽多，但大多规模较小，规模效益难以发挥，缺乏竞争力。再次，公共文化事业单位和企业单位也缺乏合作，如公共博物馆就未能与旅游公司合作，从而将参观博物馆列入旅游线路。最后，跨地区的文化资源整合力度则更低，比如巴蜀文化具有互补性，而且地域相近，但由于跨行政区，两地的文化产业开发合作很不理想。我国发展文化产业的历史资源、自然资源、人文资源并不缺乏，但对这些文化资源的认识、挖掘、开发、包装、宣传、利用还远远不够，致使大量文化资源闲置和浪费。这主要是由于我国对发展文化产业的重要性认识不够。有的地方领导对发展文化产业认识不足，重视不够，没有把文化作为一种产业来谋划，没有意识到文化产业是地区经济发展的一个推动力和重要增长点，也就未能像抓其他产业那样来抓文化产业，文化消费在广大人民群众中还没有成为消费的热点。

由于缺乏产业纵深发展的思路和胆识,发展文化产业的层次还较低,许多地方在发展文化产业时,仅仅停留在初级产品的开发上,使得相关产品及服务的数量不足,质量不高,技术含量也有待继续提高。同时,对文化产品进行文化分析、注入文化内涵和文化包装不够,在提升品牌、优化服务和综合开发利用上也参差不齐。这种单一的产业结构和低级的发展模式,不利于深入挖掘相关产业的潜力和提高资源的使用效率,也对文化产业的精细化道路产生了负面影响。因此,未来的文化产业只有综合利用数字出版、数字广播、数字电视、动漫和网络游戏、创意设计及其新兴产业,推动传统媒体与互联网、数字信息业的互动融合,重视科技创新,大力推进文化产业升级,构建门类比较齐全的文化产业体系,才能改变层次较低、产品单一的局面,应对国内外文化产业的激烈竞争。

(三)扩散效应没有充分发挥

由于文化产业起步较晚,因而仅仅停留在单一产品及服务的开发上,缺乏完整的产业链。此外,一些地方文化产业还停留在简单的生产阶段,缺乏中间产品和衍生产品,没有形成具有完整特色的文化产业链,这些都不利于延长产业链,增强相关文化产业的吸引力和竞争力。我们知道,一个产业的链条越长,专业化水平越高,产业规模越大,生产能力就越高,竞争力也就越强,它也才有可能保持长久的生命力。因此,文化产业作为新兴产业,打造其产业链条就显得尤为重要。只有根据各地实际情况延长其产业链,开发更多与之相关的新产品,强化分工协作,创意产业才有竞争优势,也才能进入可持续发展的轨道。

众所周知,一个产业的发展既需要内部各行业之间的合作,又需要相关产业之间的合作,还需要行业内部区域间的合作。只有这样,某一产业才可能建立起完整的产业体系,形成规模效应,提高资源配置效率,优化产业结构。而现实的情况是,许多地方文化产业内部缺乏整合,企业之间、部门之间、区域之间相互设置进入壁垒,导致文化产业项目规模小、档次低,没有形成整体规划和集聚效应,经历了许多重复浪费式的发展,这种严重缺乏合作,产业内部缺乏联系的做法,使得许多地理位置相近的地方产业趋同,难以将相关的产业链延伸至区域外部,造成了资源的极大浪费和发展的因徒困境。不仅如此,文化产业与其他产业之间也缺乏整合机制。比如,教育、科技、旅游等产业,它是与文化产业密切相关的产业,完全可以在发展时将这些产业综合起来加以考虑,而目前许多地方的做法是各自发展,导致同一区域内部不同的产业之间并驾齐驱,降低了资源的使用效率,无法形成经济发展的合力,延缓了区域内的发展步伐,进而降低了该区域资源的综合效应,对其经济社会发展产生很不利的影响。所以,整合相关产业,尽快形成大型的文化创意企业集团,发挥其规模效应,加强产业内各产业间的关联度,增强其协同效果,是中国的文化产业应该考虑的又一个问题。

(四)科技支撑作用还不明显

适应我国文化产业发展的科技创新机制还处于初创阶段,文化产业的科技投入还明显不足,不但文化创意产品中科技含量不高,而且在产品中运用现代科技的能力也不尽如人意,文化产业设施中还缺乏高新技术装备,新产品的开发能力还比较薄弱。这些都成为制约文化产业发挥产业扩散效应的"瓶颈",导致文化资源潜力不能转化为产业实力,因此需要加以改进。

(五)文化产业人才不足

在我国,文化产业发展的瓶颈之一在于文化创意人才的极度匮乏,传媒、出版、印刷、包装、教育、培训、娱乐、体育、休闲等文化产业存在着较大的人才缺口。据统计,纽约的文化产业人才占工作人口总数的12%,伦敦是14%,东京是15%,而目前上海的文化产业从业人员占总就业人口的比例还不到1%。文化创意人才能够脱颖而出却不能一蹴而就,为了未来我国文化创意人才能够大量涌现,需要加强教育基础设施的投入、教育新机制的培育以及鼓励终身教育的新政策和提高全民文化素质等。其中,传媒行业是缺口最为集中的领域,体现在以下几个方面:首先是人员的年轻化和学历层次偏低,其次是人员流动性强,最后是缺乏经营创意人才。以上三大缺陷导致我国的文化产业缺乏更有广度和深度的创新思维,往往仅在表面上做文章,很难将我国的文化产业带向世界先进水平,无法与世界其他的创意企业竞争。

二、我国文化产业发展的路径分析

我国的文化产业具有广阔的发展潜力，当前也呈现出了快速发展的势头，但技术、人才、管理、市场、运作模式等方面与发达国家存在的差距也十分明显，面对别人已经建立起来的先发优势，如何审时度势，充分发挥自己的特长，选择合适的产业发展路径值得深思。

（一）遵循"坚持自我，博采众长"的渐进成长原则

文化产业已成为一个全球性的新兴产业，但西方国家起步相对较早，特别是英国、美国等创意产业领先的国家已取得了举世瞩目的成就，分析发达国家文化产业发展与创新型人才培养的成功经验，对于我们发展文创意化产业，促进社会主义文化大发展大繁荣的要求具有十分重要的借鉴意义。

我国目前面临的最大问题是如何从以成本为主要竞争优势的制成品出口经济，向以创新为主要竞争优势的创意经济转型，这为文化产业提供了一个难得的机遇。但就目前来看，文化产业发展才刚起步，整个文化产业还处在萌芽阶段，社会缺乏相应的文化创意和创意经济的理念，政府也缺少一定的产业发展经验，整个文化产业发展的环境也并不是十分理想。

通过深入分析和借鉴发达国家文化产业发展的经验，总结一些对我国有益的启示，既可以提出促进文化产业发展的总体政策框架，为我国政府更好地规划和发展各地文化产业提出相应的政策建议，同时也是我国文化创意企业学习国外先进经验，赶超国外水平的良策。

（二）坚持"市场为主，政策为辅"的资源配置思路

发展我国文化产业，必须坚持走社会主义市场化道路，不能脱离市场需求，要时刻以市场为导向，充分发挥市场优化资源的功能，达到最佳的资源配置状态。同时，还要以政策的宏观调控为辅，在宏观层面把握文化产业发展的走向。

应顺应市场规律，发挥市场作用，充分调动文化创意企业的积极性。在市场充分竞争的环境下，文化产业面对的价格更为合理，市场机制的运作更为成熟，

资源配置也充分顺应市场规律。

(三) 制订"科学合理，有序推进"的园区建设规划

文化产业发展园区可推动文化产业及相关产业的集聚，使各种文化企业、非营利机构和个体艺术家集聚，形成一定的规模化经营。在我国，文化产业基地及园区会为文化创意企业提供必需的基础设施和良好的发展环境，成为重要的载体和依托。但若要使文化产业成长为真正的国民经济支柱，就必须科学推进我国文化产业基地及园区建设。

文化产业基地及园区将吸引大批创意人才，充分提升人力资源的价值。良性的运行机制一旦形成，将为众多的中小型文化企业提供融资的便利，有利于形成良性的融资环境。此外，优质的文化产业基地及园区建设将会促进建立较为完善的制度环境，有利于文化创意企业可持续、规范性地发展。

持续提升产业集聚度，充分发挥园区的综合效益，可以实现文化产业链形态的产业集聚，发挥孵化造血功能的同时还可以带动本地其他产业如建筑设计和文化产业金融等领域的发展，有助于文化产业以合理的发展模式作为指导性标准，促进已有基地的改造与提升。此外，文化产业基地及园区的建立有助于重新思考各个园区的定位，细化商业模式，协同发展、形成创新网络，实现规模效益。

(四) 选择"融资创新，多元投资"的产业突破口

文化产业是知识与资本密集型产业，资本在整个产业的生存和成长中有着不可替代的作用。文化产业资本市场功能的不断完善，运行机制的不断成熟，多元化融资渠道的逐渐形成，是实现众多文化创意企业扩大规模、健康成长的必经之路。缺少了这些，文化很难真正走向产业化、市场化的发展轨道，文化企业也难以抵抗市场波动而获得可持续发展。我国众多文化创意企业的融资难题是制约文化产业发展的重要因素，完善文化产业资本市场，拓宽文化产业融资渠道，将对解决文化创意企业资金困境产生巨大的促进作用。

资本市场上，各种优质稀缺资源如交易信息、资金乃至社会支持等在此集

聚，如同一只看不见的手，支配着各种资源的流向与交易。由于文化创意企业大多数为中小型企业，还有很多以工作室形式开设的个体户，无形资产所占比重较大，信用缺乏，又不具备抵押和担保的要求，很少有金融机构为其提供融资服务。资本市场上，文化创意企业可以寻求优质社会资本，随时了解到市场各类信息，降低市场风险，减少搜寻和交易成本，为综合实力不强、可运用融资途径不多的中小型文化企业提供筹资平台，使资金流向最需要的企业。

对相对缺乏可抵押固定资产的文化产业来说，因其能够获得金融机构大额贷款的难度较大，文化创意企业就很有必要利用资本市场的多元化融资渠道，筹得本身发展所需资金，夯实企业的核心竞争力，从而实现长远发展，壮大实力。

（五）明确"智力引领，创意优先"的人才培养方向

具有创意的高素质人才是文化产业发展的灵魂，创意人才决定着此产业的发展空间。创意具有综合性，不能简单地等同于智能或知识的叠加，而创意人才不同于传统产业人才，他们的培养和形成需要花费更多的精力和时间。创意人才主要是知识型工作者，是能够迸发出灵感的设计高手和特殊人才。他们的工作具有特殊性和不可替代性，一个完美的创意需要在多种因素的共同作用下才能实现，创意工作者要用创新的理念和办法解决繁杂的问题。

大批量创意人才的教育与培养是我国未来文化产业获得大发展的前提。从近十年的经验来看，各国创意产业的发展无不得益于各国创意人才的教育与培养。文化创意人力资本的投入产出和文化创意阶层的崛起推动着文化产业的高速发展。文化产业发展的核心是创新经营与创意人才的培养，人才是文化产业的核心资源，人的主观能动性直接决定着产业的兴衰，没有足够的人才储备和培养机制，创意产业的大发展也就无从谈起。

培养一批与当代文化产业发展相适应的，素质高、业务强，既立足本土又着眼世界的创新型人才将使文化产业快速、健康、可持续地发展，成为重要的都市支柱型产业。结合文化产业的发展规划和未来文化产业人才布局，我们需要在整合教育资源、规划学科建设上，对于人才培养目标定位、教育体系、教学方法等相关问题给予重点关注。人才的培养最为关键的就是一定要以市场为导向，依

据行业门类和市场运行程序，充分发挥高等院校、研究机构、职业培训机构等的力量，整合教育资源，培养合格、综合性的创意人才。另外，要健全创意教育认证体系，完善创意教育相应的配套体系。当前我国还没有权威的创意人才资格凭证，这方面亟须改进。要提供相应的政策和措施以营造宽松的环境，使各类人才积极创作和表现自己的才能。运用市场化机制，建立和完善人才激励和流动制度，以实现资源的优化配置，人尽其才。

第四章　当下文化产业的发展与价值

第一节　数字媒体时代的文化产业

随着知识经济时代的到来,文化产业逐渐演变成了现代经济时代中的重要产业,在市场经济中占据着十分重要的地位。而文化产业在数字媒体的影响下,得到了更加快速的发展,其不仅创造出了巨大的经济效益,还在一定程度上推动了经济的进步发展。所以,文化产业也被称为21世纪最有前瞻性、最有潜力的产业之一,进而被看作是促进经济增长的新途径。而数字媒体的不断更新已经成为推动文化产业发展的关键性力量。

一、数字媒体在文化产业发展中的地位

(一)数字媒体是文化产业的重要载体

随着现代化传播媒介的多元化不断发展,互联网和多媒体技术的更新和发展,对文化产业的传统传播方式造成了强大冲击。但是,信息技术能够为创意产业的传播提供良好的技术力量,不论是在图片方面还是文字方面,都可以在互联网的支持下显示并传播。与此同时,互联网和多媒体技术能够将语音、文字、图像等文化信息融合在一起,并进一步为人们及时了解文化等各种社会信息提供重要的传播途径。

(二)数字媒体是文化产业的主要技术手段

数字媒体技术的不断更新发展给文化产业的发展带来了创新性的动力,在

数字媒体技术的支持下，不仅能够将图像、文字和声音全面融合起来，还能够增强不同形式传播媒介之间的联系。数字媒体技术为文化产业的发展灌输了强大的生命力，尤其体现在影视产业、动漫产业等这些与图像采集处理紧密相连的产业中。在文化产业的发展过程中，各个行业对数字媒体技术的要求也随之增高，可以说数字媒体技术的不断创新为文化产业提供了重要的技术力量。

（三）数字媒体是提高文化产业竞争力的重要方式

竞争力的形成和提升主要通过两个有效途径，即低成本和差异性。而对于文化产业，产品的差异性是一个非常关键的特点，数字媒体技术的普遍化和不断更新则能够为产品的差异性提供更加良好的发展平台，尤其是和影像等多媒体文件有关的文化产业，都需要数字媒体技术支持独特性的制作和传播，这样才能更加有效地为差异性群体提供优质服务。而在成本方面，数字媒体的特性即双向传播和数字化为文化产业带来了更加独特的传播方式，进而有利于降低成本，在此基础上，数字媒体的技术和性能的提升能够为文化产业降低成本提供很大的帮助。

二、数字媒体催生创意产业的迅猛发展

（一）数字媒体是创意产业发展动力的源泉

创意产业作为文化产业升级换代产品，其发展动力来自数字媒体技术的应用和发展。计算机合成、3D 技术等数字媒体技术，在影视业、广告业和相关的文化娱乐产业的发展中，增添了全新的活力和动力。从制作上比较，数字媒体技术视域下制作的图像、音频效果，远远好于传统的媒体制作效果，受众的满意度较高。从传播方式上，数字媒体技术的传播，与传统的媒体相比较，更加快捷、便利，尤其是数字媒体技术支持的自媒体的普及，不仅提高了人们的娱乐功能，还将媒体的应用，向社会的广度和深度推进。从制作、传播和分享效率上来看，数字媒体的工作效率与传统的媒体相比，产生了翻天覆地的变化。

（二）数字媒体引领创意产业发展方向

经济和文化是在发展中相互融合、相互促进的产物，经济的多元化发展必然产生新的观念、意识，从而催生新的文化现象，更新人们的思想，改变人们的饮食起居习惯、消费习惯，等等。例如，广告产业，利用数字媒体制作广告呈现多元化发展趋势，大部分微商都是通过朋友圈、微信群利用智能手机自己制作传播广告，打破了传统广告依赖特定媒体传播的局面，自由分享经济因此诞生。同时，数字媒体制作的专业性较强的大型广告和公益广告，创新设计和画面质量，传播的范围和速度，是传统媒体望尘莫及的。所以说，数字媒体技术的广泛应用，引领了创意产业的发展方向。

（三）数字媒体推动创意产业的不断变革

创意产业具有广阔的发展前景，以数字媒体为基础支撑的创意产业因不断变革而成果显著。比如，数字媒体技术制作的影视剧、动漫作品、广告等，形象逼真、直观生动，充分发挥复制、粘贴、再现等技术功能，满足受众的观赏需求。动漫与游戏的结合又是数字媒体技术赋予创意产业的创新之一，受众同时也成为玩家，强化了受众的互动效果，增强了文化产品的寓教于乐功能。互联网的传播与传统的媒体传播相比，更加快捷、便利，彻底变革了传播模式，推动了整个产业链的更新与发展。从电视到电脑，从电脑到手机，每一次媒体工具的更新与普及，都会推动经济发展的大潮向前涌动。

（四）数字媒体注入创意产业以新的灵感

灵感是文化产业的核心组成部分，创意产业是文化产业的再生和发展，没有灵感，创意产业就没有发展的方向和动力。数字媒体的普及和发展，创设了多元化的制作技术和多元化的传输展示平台，受众互动和参与制作的热情空前高涨，例如，微视频的创作和传播，风格迥异，变化万千，丰富多彩。数字媒体技术使单一的艺术家的灵感创意方式，改善为大众灵感的共同发挥，为创意产业的发展注入了许多新的灵感元素。

（五）数字媒体是创意产业发展的基础

文化产业在经济发展中的动力来自人们的精神消费量。智能手机的广泛普及，互联网的各大平台汇集了人们需要的经济、政治、文化、医疗、教育、军事和社会等较为广泛的信息，人们随时随地就可以通过手机浏览关心的信息内容，又可以自由分享自己的快乐和体验。可以说，知识经济时代的主要特征就是数字经济。创意产业的发展和实践就是数字媒体对社会进步的最大贡献。因此，数字媒体逐渐成为文化产业创新发展的基础。

三、文化产业与数字媒体发展现状

文化产业是一种在经济全球化背景下产生的以创造力为核心的新兴产业，主要包括广播影视、动漫、音像、传媒、视觉艺术、工艺与设计、雕塑、环境艺术、广告装潢、服装设计、软件和计算机服务等方面。文化产业的核心其实就在于人的创造力以及最大限度地发挥人的创造力，而数字媒体的应用和发展就能更好地激发文化创意。数字媒体促进了文化产业的形成和发展，如影视制作、动漫创作、游戏研发、工业设计、广告制作等层面，文化产业高度依赖数字媒体，并借助新兴数字媒体技术迅猛发展。北京奥运会期间，吉祥物"福娃"创造的利润约25亿元。"福娃"的出现延长了文化产业链，后续开发了玩具、服装服饰、文具、贵金属纪念章等300余种商品。其中既有面向少年儿童的价格仅为几元的印有吉祥物的笔和本子，又有面向高端消费者的价值十几万元的贵金属纪念章。"福娃"从奥运会的吉祥物到全方位的产业延伸和系列开发，使文化产业的价值潜力得到了进一步的挖掘，提升了产品的附加值，这与数字媒体技术的应用是分不开的。

四、数字媒体技术增强文化产业的发展优势

文化产业涉及影视制作、动画创作、广告制作、多媒体开发与信息服务、游戏研发、建筑设计、工业设计、服装设计、人工智能、系统仿真、图像分析、虚拟现实等领域，并涵盖科技、艺术、文化、教育、营销、经营管理等方面。而数字媒体在文化产业领域的应用，实现了以IT技术和CG技术为主的相关技术和文化艺术形

式的结合,实现了信息的自动化传播。新兴的数字媒体丰富了传播方式和传播内容,实现了传播渠道的交互化,并能够更好地满足受众的个性化服务需求。以数字媒体的交互性为例,数字媒体技术的进步为大众主动参与到文化创意中提供了条件,使得参观者能够进一步走近和理解艺术作品。在新型文化创意园区,不乏能和观众互动的创意作品。数字媒体交互技术的运用不仅可以提高观赏的趣味性,让人们加深对作品的了解程度,甚至可以实现作品的完善和再创作。这种交互性强的数字化技术也被应用到文化艺术博物馆中,实现了参观者对作品的再创作,最大限度地满足了参观者与艺术作品互动的需求,改变了传统的参观者被动欣赏艺术品的模式,满足了参观者主动接收相关艺术信息的需求。在博物馆中,展出的艺术品不再是高高在上的主体,参观者能够通过交互性很强的数字媒体技术穿梭千年进入历史发展进程,在此过程中汲取更多的历史精华并产生独特的内心感受。数字媒体技术与文化创意的巧妙结合,丰富了创意的表现手法,凸显了文化创意的时代特点,实现了文化的加速传播,增强了文化产业的竞争优势。数字媒体技术的不断创新打破了传统文化艺术传播模式的桎梏,为文化产业的快速崛起提供了必要条件。

文化产业的发展对市场经济有着重要且深远的影响,意义非常重大。数字媒体为文化产业提供巨大的便利和坚实的基础,因此必须加强对数字媒体在文化产业发挥作用的高度重视。传统的文化产业已经逐渐被文化产业所取代,这在很大程度上取决于互联网和多媒体技术的不断更新。所以,文化产业必须重视数字媒体技术的关键性作用,并加以正确利用,这样才能进一步推动文化产业的进步。

第二节 互联网时代的文化产业

"文化产业与互联网产业"的发展程度是我国城市发展水平和文明程度的重要指标。一个有影响力的国际化都市,文化产业应当是领先的,利用互联网产业串联和其他产业相结合,不断促进产业经济结构的调整,推动产业经济社会文化的发展。目前，北京、上海和广州等城市出现了一些文化产业聚集区，政府采用挂牌方式推动产业园区的建设，为文化产业的开展创造了良好的外部环境，形成了颇具规模的态势。目前文化产业在我国各地实现了一定程度的集聚，但从总体产业发展态势来看，文化产业集聚的规模和效益还有待提高与加强。为此，必须制定文化产业规划，合理调整文化产业的布局，利用互联网产业基地的串联功效，引导聚集地区的形成及壮大。文化产业是跨行业和知识密集型现代服务行业的重要组成部分，在新一轮国家重要产业升级及产业结构调整优质化中扮演着重要角色。

一、互联网在推动文化产业发展方面的作用

（一）刺激文化创意产品消费

互联网通过整合创意、技术、人、资本等要素，形成了兼容性很强的文化产业平台，从而拉近了文化创意企业和文化消费者之间的距离。近年来互联网已经成为文化创意产品消费的重要途径。截至2021年12月，中国网络文学用户规模为5.02亿，较2020年底增长4145万人；网络视频用户规模达9.44亿，较2020年底增长1707万人；网络游戏用户规模达到5.54亿，较2020年年底增长3561万人。可以说，文化创意产品的消费规模已十分庞大。并且由于更多的人入网，更多的数据被获取，对网络用户的短期消费行为进行预测分析也变得更加容易。这不仅使不同个体的个性化需求更容易得到满足，而且将进一步增加人们的文化创意产品消费意愿。

（二）重组文化产业的运营模式

近年，网络巨头开始大举进军文化产业。据不完全统计，2022年在互联网企业对文化企业并购中至少有2344.64亿元资金涌向了文化产业。我们有理由相信：未来的文化产业将以互联网为主体平台，其运营模式将发生很大的改变。对互联网用户而言，影视、戏剧、文学、动漫、游戏等不同领域跨界衍生的现象已成为常态。通过各领域之间相互融合，"互联网＋传统文化产业"将成为一种新的

运营模式,这种模式将在不断的创新融合中实现产业价值的最大化。

(三)改变文化产业的营销方式

互联网企业对文化产业的影响来势汹汹,"互联网+"文化产业的模式也必将改变产品的营销模式。在大数据时代,一方面,企业应积极使用互联网技术开展与电商的广泛合作,通过建立健全网络平台,对接线下营销的方式,进行线上线下的双向合作。另一方面,企业要与时俱进,加快营销方式多样化的步伐,对游戏营销、精准营销、SNS 营销等新型的营销策略善加利用,健全企业营销网络。以游戏营销为例,游戏营销是指将游戏化思维模式运用到企业的营销过程中去,通过游戏化的方式吸引消费者的眼球,这种营销方式有利于增强文化创意产品营销的效果,进而成功实现营销。

(四)开创文化金融融资新模式

融资问题是各行各业都存在的重要问题,如何拓宽融资渠道是文化产业持续发展的关键。在互联网平台上,众筹、股权投资等新的文化金融模式正在出现。

二、互联网对文化产业的不利影响

互联网用户信息透明,用户隐私遭到侵犯的现象时有发生。目前公众对将用户互联网浏览足迹、购物记录等数据进行销售或利用这些数据与企业进行有针对性的合作这种行为持有很矛盾的看法。一方面,有针对性的销售使得消费者可以更加便利地获取想要的信息,从而缩短浏览搜索的时间。但另一方面,消费者则认为:将其行为、爱好在不经过他们允许的情况下暴露给企业,侵犯了他们的隐私权。文化产业在利用大数据背景发展的过程中,也会遇到这种问题,而这无疑会对企业发展产生某些负面影响。

三、互联网对文化产业的挑战

（一）管理经营方面

管理经营方面，"互联网+"对文化产业的影响主要有产业集群聚集、互联网金融、产业链升级、创意成果产业化转换、产业链不完善、科学技术缺乏、融资模式升级和体制束缚等方面的问题。

目前，我国文化产业分散，尚未形成大规模的产业集群，在"互联网+"的推动下，文化产业集群的形成进一步加速。纵观全局，造成目前产业分散的原因有二：其一，文化领域内的垄断与封锁，导致市场无法发挥资源效益；其二，各地方普遍缺乏明星主导企业，群龙无首使得单一文化企业存在经营水平低、经营收益差的弱点。"互联网+"在试图促进文创产业集群的同时，也开启了园区新经营模式，众筹模式逐渐成为创意园区融资新模式，互联网金融成为园区资本服务新模式。由于文化创意成果产业化转换不足、盈利能力有限，抑制了小微文化创意行业发展。科学技术、文化资源、交通环境资源和管理资源是互联网时代文化产业的重要驱动力。文化创意传播方式在"互联网+"的冲击下，需要进一步升级改造，Web2.0的核心是传播方式的升级改造，这种升级加快了网络个人用户对网络文化产业的参与度，网络文化的快速发展为文化产业提供了丰富的创意素材，活跃的文化氛围，让文化创意更加具有生产力，网络文化的发展促进了新兴文化产业的发展。

（二）媒介融合方面

媒介融合是"互联网+"对文化产业的另一重要影响。关于"互联网+"文化产业的媒介融合研究，主要集中于线上虚拟文化、数字技术创新、园区虚拟平台建设、整合一体化以及文创产品的交互体验设计等方面。媒介融合是"互联网+"背景下文化产业面临的重大议题，这里的融合不仅指传播过程中传播者、传播渠道、传播内容、传播对象之间的融合，还指网络媒体产业跨地区、跨媒介、跨行业的发展和壮大。文化产业面临的媒介融合的另一挑战是要尽快促成线上虚拟文化创意园区的发展。纵观全球文化产业发展趋势,整合化、数字化、平台化、重组化、融合化、一体化成为各国文化产业发展的共识。大数据时代,互联网在推动文化产业发展方面的作用有:刺激文化创意产品消费;重组文化产业的运营模式;改变文化产业的营销方式;开创文化金融融资新模式。我国文化产业的整合一体化不仅要实现传播者、传播渠道、传播内容、传播对象之间的融合,还要在跨媒介、跨行业的更大平台上实现融合。

(三)知识产权保护方面

知识产权保护与信息安全是"互联网+"对文化产业提出的又一亟待解决的命题。要解决网络环境的版权问题,关键是要完善文化产业的知识产权制度。"互联网+"时代的知识产权保护与信息安全问题是互相涉及、相互影响的。"互联网+"对文化产业的创意成果而言是把双刃剑:一方面,文创成果可以通过互联网得到快速传播,让更多的人享受到文创成果带来的便利;另一方面,知识侵权、盗版、盗窃创意等问题层出不穷,对我国文化产业的发展造成长远的伤害。

(四)专业人才资源方面

人才资源匮乏是"互联网+"对文化产业发起的又一挑战。虽然我国从事媒体、计算机行业的人口众多,但复合型人才、创意人才、领军人才缺乏是掣肘我国"互联网+"文化产业发展的一大因素。复合型文化创新人才培养不足,是制约文化企业发展的瓶颈。是否拥有完备的创意人才结构、合理的创意人才模型、优秀的创意人才质量和完善的创意人才培养体系,是影响文化产业成功转型的重要因素。

第三节 文化产业提高文化软实力

文化软实力的提升已经成为国家发展的关键,而发展文化软实力需要依托文化产业的发展。发展文化产业,全面提高国家文化软实力,是贯彻国家文化强国战略,实现中华民族伟大复兴的中国梦的重大急需,对增强中华文化国际影响力,推进人类文明进步有积极作用。

一、文化产业与文化软实力概述

(一)文化产业的特征

首先,文化内涵是文化产业发展的旨归。发展文化产业不仅仅是中国目前阶段经济发展的需要,更是推动建设社会主义文化强国目标实现的重要途径。因此,发展文化产业,在实现经济价值追求的同时,更要求创意产品和创意作品具有充分的文化内涵和浓厚的文化意蕴。文化产业要彰显很强的人文性,它的内在动力是用文化促进产业发展中结构的调整、转型与提升,从而凸显"文化+"的核心能量,大大增大产品的文化附加值。文化产业通过文化对经济的推动来传达文化内涵,从而更长远地推动中华民族文化心理结构的重塑,提高全民的文化自信与文化自觉,构建"文化中国"的国际形象。

其次,高新技术是文化产业超越传统文化产业的重要的依托。文化产业是科技文化化和文化科技化,科技与文化一体化,技术与内容相融合的高端产业。文化产业是在特定的历史语境下应运而生的,如著名的学者约翰·哈特里就将创意产业的兴起归因于新媒体技术的发展。高科技塑造了创意产业的新载体,创造了文化传播的新媒介,从而加快了文化产品的传播的速度,扩大了文化产品的影响范围,甚至建构了新一代消费者的新的消费习惯乃至文化生活方式。

最后,创新和创意是文化产业安身立命的关键所在。经济结构的深层次调整,产品国际竞争力的提升,以及新型文化消费需求的满足和生活美学意境的营造都离不开创意设计。创意是超越与挑战既有规则和理念,旨在去同质化,鼓励多样性、差异性和开拓性。文化创意具有高知识性、高增值性和低能耗、低污染等特征,处于产业链的高端,对于提升文化产品的服务品质、塑造品牌、提升市场竞争力具有重要意义。

（二）文化软实力的内涵

对于文化软实力的内涵，国内学者有着不同的看法，有的学者从力和内容的角度对文化软实力进行定义，认为"软实力"最终表现为各种"力"的整合。如李齐全在《提升文化软实力的实现路径》中指出："文化软实力是一个国家的文化价值观、意识形态、社会制度、文化模式所表现出来的凝聚力、吸引力、影响力和竞争力。"文化软实力表现为文化吸引力、文化创新力、文化影响力、文化凝聚力与文化感召力。第一，文化吸引力是基于中国文化资源本身的魅力，引发国内外的群众对中华文化的兴趣和好感，从而弘扬和传播中国文化；第二，文化创新力是彰显中国文化生生不息、与时俱进的创新精神，通过科学知识、思维方式和价值理念的不断突破，增强民族的生命力；第三，文化影响力是在多元文化的碰撞下凸显中华文化与社会主义文化的自身优势，使中华文化在抵御资本主义文化渗透的同时，拓展自身的生存空间；第四，文化凝聚力是凝聚人心的精神动力，通过融合各民族的文化，使整个民族形成稳定的文化心理结构，从而共同提高全体人民的道德素质，促进中华民族的伟大复兴；第五，文化感召力是体现主流价值观对多元价值的引领能力，通过对主流价值的宣传，塑造人们内心中的价值规范，从而实现国民对政治、经济、民族、社会民生等各种制度的认同。

（三）文化软实力与文化产业的关系

文化软实力与文化产业有着密不可分的联系。文化产业通过融汇文化、创意和经济，创造出兼具经济与意识形态的文化商品，并在文化商品生产与消费的过程中对国内外形成建构性的文化认同，是提升文化软实力最直接的实业领域。文化产业既可以带来经济上的利益，又可以通过文化的传播扩大我国文化在全球的影响力。因此，在提升文化软实力的过程中，要利用好文化产业这一关键力量，促进我国走向世界强国之列。

二、文化软实力的核心构成

文化软实力由一个民族或国家的文化传统、意识形态等多方面的精神因素构成,并通过各种文化媒体、信息资源、学术著作及国际组织的规则制度表现出来。作为文化软实力的构成基础,文化是人类精神的生产力及其产品,是社会和经济现状的一种反映。社会进步、经济发展和消费者素质的提升会促使人们的文化需求不断增长。联合国教科文组织把文化政策看作发展政策的基本组成部分,强调"脱离人或文化背景的发展是一种没有灵魂的发展",进而提出"发展可以最终以文化术语来定义,文化的繁荣是发展的最高目标"。文化的主要功能在于对人类社会的感召、传承和渗透,因此,文化软实力的核心能力可以概括为文化向心力、文化创意力和文化传播力。

(一)文化向心力

文化向心力是促成文化共同体成员聚合与协作的黏合剂,是促进文化软实力形成的必不可少的能力要素。吸引和感召共同体成员的文化核心要素,包括共有的祖先、语言文字、历史、风俗习惯和思维方式等。文化共同体成员遵守相同的价值观和行为方式,并在交往中不断加深文化认同感。文化认同感激励着人们为同一个目标和理想努力,共同应对灾难和挑战,并产生远远大于个体成果之和的总成果。文化的认同和激励使得文化共同体凝聚成一个和谐有序的整体,由此形成文化向心力。文化向心力有助于共同体内部保持稳定和活力,提升文化的感染力和包容性,进而构筑文化生态环境。文化生态环境的营造能提升共同体的文化生命力和影响力,进一步强化共同体的文化向心力。由此可见,文化向心力是共同体存续的先决条件,是文化软实力形成的基础,并决定文化软实力的外部张力。

(二)文化创意力

文化创意力是在吸收各种先进文化的基础上,将优秀的创意注入传统文化中,促进民族特色与时代气息和谐作用的能力。"文化创新"是热门词汇,深究起来,可以发现用"文化创意"指代文化发展比"文化创新"更加贴切。熊彼特把创新定义为:"企业家对生产要素的新组合。"创新通常被认为要由新技术来推动,是少数精英所拥有的特质。创意则无所不在,即所谓的"人人有创意,处处有创意。"文化与每一个人息息相关，创意是人普遍具有的能力，所以文化创意力具有共同参与的平民化特征。文化创意力的主要功能在于文化内涵的传承和更新，为文化提供空间上的扩散和时间上的延续。

（三）文化传播力

文化软实力不仅仅体现于其在文化内容和形式上的独特魅力，同时文化传播力也是文化软实力得以实现的重要因素。当一种文化被广泛传播时，软实力才会产生强大的力量，即文化传播力越强，文化软实力就越强。美国学者萨布尔认为："文化是传播的同义词，二者在很大程度上同构、同质。"文化这一概念的生成源于传播，即人们在传播中发现彼此的差异，最终提出文化的概念以表示这些差异，从这个意义上说，文化的本质就是传播。文化传播给予不同文化主体相互学习和借鉴的机会，最终促成文化发展；而对于封闭、缺少文化传播力的群体，文化发展几乎是不可能的。要提升文化传播力，可以建立覆盖广泛，传输快捷的传播体系，以促进文化理念和价值观的广泛流传。这有利于塑造良好的民族和国家形象，增强民族和国家的文化影响力和竞争力。

文化向心力、文化创意力和文化传播力是文化软实力的三个核心要素：前两种要素——向心力和创意力强调修炼内功，后一种要素——传播力讲求借助外力。向心力促进文化软实力的形成，创意力提升文化软实力的生命力，传播力是实现文化软实力的手段，三种力量相互渗透、相互配合、相互促进，共同构成了文化软实力的框架体系，决定了文化软实力的强弱。文化产业就其名称本身而言，包含了文化、创意、产业三个内容，其蕴藏的文化特质、创意元素和产业运营模式对于文化软实力三种核心能力的形成和提升具有重要作用。

三、文化产业对提升文化软实力的作用

（一）转化资源优势，提升文化吸引力

文化软实力在一定程度上表现为文化的吸引力。我国有着丰富的优秀传统文化资源，但是，传统文化资源并不能直接等同于文化软实力。文化软实力必须

借助文化产品才能够进行有效的传播。因此，对于优秀的传统文化资源，不能仅仅停留在保护的层面上，更要找到将文化遗产转化为生产力，将文化资源转变为文化软实力的路径。实现文化资源的商业价值时，要注意保持文化的本真，强调文化的独立作用和强大力量。因此，文化产业则承担起这一重要职责，以创意和科技超越文化产业，实现文化与资源的有机结合，运用创新在创造经济利益的同时，更强调文化产业的人文性与创新性，从而将传统的文化资源进行转化，提升文化的吸引力，实现文化软实力的商业化与价值观的输出。

（二）聚集创意元素，强调文化创新力

文化创新力是文化软实力中重要的组成部分。在知识经济时代，创新成为驱动经济增长的强大引擎。文化产业作为朝阳产业迅速崛起，成为各地新的经济增长点，更有望成为国民经济中的支柱产业。从某种意义上说，国与国之间的竞争，在一定程度上就是创造力的竞争。文化产业能够在吸收各种先进文化的基础上，将优秀的创意注入传统文化中，促进民族特色与时代气息的和谐相融，推动文化产品和价值观的完美结合，从而更好地承载和传播价值观。在发展文化产业时赋予产品更多的意味、情趣和时尚等创意元素，能够完成传统文化与现代文化的生动连接，不仅有利于提高经济效益、降低资源消耗、提升创新能力，还有助于增加就业机会、保护生态环境、优化经济结构。因此，以文化创新为依托，大力发展文化产业，有助于提升文化资源的创新力和吸引力。

（三）打造大众品牌，扩大文化影响力

文化影响力是彰显文化软实力的重要方面。文化如何发挥自身的力量去影响受众，这就需要发挥文化品牌的中介力量。文化产业以品牌为中介，实现了文化产业与文化影响力密不可分的联系。这表现在品牌文化能够凝练品牌价值的核心诉求上，反映了目标消费群体的集体认知。优秀的文化创意产品具有民族性、时代性和世界性，这些特点会取得消费人群的价值认同，从而形成文化的影响力。要在发展文化产业的过程中打造大众品牌，扩大文化影响力，使中国的优秀文化在国内外为更多的人所响应，从而使人们树立起高度的文化自觉与文化

自信。此外，还要注意塑造特色品牌，加强中华文化的国际化表达，实现中华文化与国际市场的对接，不断扩大文化的国际影响力。

（四）引领情感消费，突出文化感召力

文化的感召力是指文化对人民的引导力量。文化软实力不仅体现国家文化的吸引力，还表现在社会的文化生活丰富多彩、人民的精神风貌昂扬向上。物质消费时代需要文化产业发挥感召力的作用，促使物质消费时代向品质消费和情怀消费转变，通过公民参与创意生活，培养人们的人文情怀，塑造良好的社会环境，增强文化软实力。英国伦敦是世界上最富有创意性的城市之一，这与伦敦市政府为公民培育创意生活，塑造创意氛围密不可分；伦敦市政府开放更多的博物馆及将所有数据档案数字化；发挥文化在健康和社区安全方面的作用；开发伦敦的绿色空间和水路的艺术潜力，使所有公众都享受文化空间，从而在整个社会孕育对文化美学的消费土壤。因此，文化产业能够通过引领情感消费，突出文化的感召力。

四、文化软实力视域下发展文化产业的路径

（一）强化互联网思维

我国将大力实施网络强国战略、国家大数据战略、"互联网+"行动计划，发展积极向上的网络文化，拓展网络经济空间，促进互联网和经济社会融合发展。我们的目标，就是要让互联网发展成果惠及 14 亿中国人民，更好地造福世界人民。互联网思维正在为我国文化产业提供前所未有的巨大机遇。在互联网的高度发展下，启动跨界融合的思维，文化产业才能跨越边界的限制，成为促进其他产业升级换代的推动力量，成为文化产业由低端形态向高端形态升级的动力源。根据统计资料预测，到 2024 年底互联网文化产业占比将达到 70%。因此，在未来五年的规划中，要扶持互联网文化企业成为产业的支撑点，建立文化领域的龙头企业，在全国发挥辐射作用，为整个文化产业增添新的活力。与此同时，为了构建网络空间的良好秩序，要通过互联网文化产业，提升网络传播的效果及其文

化引导力，从而对群众的观念塑造产生巨大的影响。

（二）推进协同创新

发展文化产业，要构建多学科交叉的研究平台，推动不同领域、不同部门通力合作，协同创新。首先，需要保证政策的制定和落实，如鼓励发展文化产业的政策，对创意人才进行知识产权保护的政策等。这就需要企业和政府部门通力合作，构建和谐的关系。其次，需要金融部门为文化产业提供资金的支持，这也要求二者建立合作关系，共同研究适合文化产业发展的资金模式。再次，还需要高等教育部门为文化产业进行人才的培养，开设创意设计课程，为产业的发展提供人才支撑。最后，发展文化产业，不仅要在产业发展的内部进行协同，还应该促进文化产业与其他产业的协同，实现产业的"文化+"。在"互联网+"的影响下，文化产业展现了升级换代的新态势，而与"互联网+"密切呼应的就是"文化+"。"文化+"就是在相关事业和产业经济中注入文化元素。如文化产业与建筑业、农业、旅游业的结合，通过不同产业的结合，迸发出既具创意又具经济利益的火花。协同创新要把握好"协同"的含义，需要各个单位"和而不同"，针对同一个主题进行配合，使创新主体和客体进行深度的融合，共同的理想和目标才是协同创新的灵魂。而发展文化产业的共同理想和目标就是实现中华文化对内的凝聚力和对外的吸引力，从而提升中国文化软实力。

（三）铸造特色品牌

品牌是取得消费认同和竞争优势的重要手段，好的品牌具有很高的经济价值、社会价值及文化价值。进入21世纪，文化产业的发展已经进入品牌竞争的新阶段。对此，上海很好地应用了这一观念。上海特别强调支持文化创意和设计服务企业打造自身优势，学会跨界思维，树立品牌意识，打通产业环节，创造市场需求。通过不断的努力，上海也成了继深圳之后的"设计之都"。由上海设计之都促进中心牵头的"上海设计"走出去项目，以"上海设计"统一形象参加国际知名设计展会和活动。因此，上海"设计之都"的品牌不仅增添了上海当地群众对于时尚的追求，还让上海在世界范围内展现了独特的魅力。可见，发展文化产业要致力于打造中国的特色品牌，提升知名度，让文化产业走向世界。因此，要鼓励文化产业通过参展、办展、参评国际奖项等多种方式拓展市场，打造文化产业品牌，提升文化产业的市场美誉度和国际影响力。

（四）加入创意元素

文化产业就是将创意和文化资源进行结合，聚集资金，通过产业化的形式来使文化得到发展，从而实现文化与经济的良性互动。文化创意产品的影响力来源于优秀的创意元素在产品加工过程中的融入，从而实现商品与价值观的对接。我国要进行创意潜能的激发和创意才能的解放，深耕历史文化底蕴，使传统元素与艺术创意结合，将传统精神注入文化开发与创意设计，阐释中国的价值观念，提升产品的附加值，使文化产业在取得经济利益的同时，在价值层面也得到双赢。

（五）塑造文化氛围

消费不仅是物质消费，更是文化消费、情感消费。我国的情感消费还有很大的上升空间。因此，要将文化消费与物质消费相融合，打造文化创意产品，在潜移默化中使公民参与创意生活，从而促进文化消费的提升。体现个性化特征的时尚消费将推动与消费者体验、个性化设计、柔性制造等相关的产业加速发展。追求安全实用、舒适美观和品位格调的品质消费将会带动传统产业改造的提升和产品的升级换代。时尚消费和品质消费都与发展文化产业息息相关，文化产业要积极发挥作用，更新文化消费内容，培育新的文化需求，实现以供给创新扩大文化消费，创造一系列文化消费的新形态，促使形成新的消费态度和消费习惯。同时，要打造贴近生活的文化产业，只有强调对生活的体验，注重对"人心"的关注与反思，赋予文化产业以某种人文的力量，才能使文化产业具有永恒的生命力。

第四节　文化产业推动经济转型

全球金融危机正深深地影响着世界经济的走势。面对严峻的经济形势,如何最大限度地利用危机形成的倒逼机制,变压力为动力,变挑战为机遇,推动经济转型升级,保持经济平稳较快发展成为当前亟须解决的问题。金融危机中,诸多传统行业均受到严重影响,而新兴的创意产业却呈现出旺盛的生命力,成为拉动经济增长的新亮点。研究文化产业的发展路径和促进政策,推动经济转型发展,在当前形势下具有重要的意义。

一、发展文化产业的战略意义

首先,以创意为重要特征的文化产业能够为市场带来更多、更优质的机会,能够成为推动我国经济增长的重要力量。在面临金融危机时,文化产业能够有效促进优化产业结构调整,加快经济增长方式的转变,进而加快经济复苏进程。其次,文化产业相关的文化产品能够以其独特的娱乐性吸引到更多的消费者。同时,文化产业的出现打破了传统的生产经营模式,倡导以需求来推动生产,不仅能够满足市场需要,更能够合理有效地利用资源。最后,文化产业不单单是对传统文化产业的升级,更是文化产业同其他众多相关领域的融合。这不仅能够帮助文化创意企业拥有更加丰富的形式以及独特的内容,更能够调整其行业结构,使其更加适应社会发展的需要,建立更加完善的行业体系,为经济增速贡献更多的力量。

二、后危机时代发展文化产业的战略意义

自从20世纪末以来,文化产业受到各国政府的高度重视,呈现蓬勃的发展态势,为经济的发展注入了生机与活力。在一些国家,文化产业被提升到国家战略层面,作为实现工业化后催化经济转型的重要战略举措,成为推动这些国家经

济快速发展的重要引擎之一。创意产业帮助英国实现了从"保守绅士"到"创意先锋"的成功转型，使其成为名副其实的"世界创意之都"。韩国为走出1997年亚洲金融危机的泥沼，提出"文化立国"的战略，将文化产业作为促进21世纪国家经济发展的战略性支柱产业，创造了国家整体经济谷底反弹的奇迹。借鉴国外经验，把发展文化产业作为应对当前危机的重要手段，推动产业转型升级和发展模式转变，具有重大战略意义。

创意会衍生新技术、新产品、新市场和由财富产生的新机会，是实现经济发展的新动力源泉。发展文化产业，有助于保持经济增长和培育新增长点。文化产业正成为继资本、技术之后推动经济转型增长的重要驱动因素。文化产业在对国民经济中各产业进行渗透、融合和优化，改变产品的观念价值，创造新技术、新产品和新市场的同时，创造出更大的社会财富。文化产业还具有软驱动取代硬驱动，价值链取代生产链以及消费导向取代产品导向的内在特征，有助于加快经济增长方式的转变，推进集约型经济增长。在金融危机中，文化产业是转变经济增长方式的加速器，是培育经济增长亮点的孵化器，是促进经济复苏的助推器。

创意产品富有精神性、文化性和娱乐性，能改变居民消费观念，增进服务型消费，优化消费结构。发展文化产业，有助于扩大内需和消费升级。文化产业改变了传统产业的生产销售模式，以消费需求为导向，以科技创新为手段，通过价值创新提升产品的观念价值，引导生产和消费环节的价值增值，使其更富有精神性、文化性和娱乐性。根据国际经验，人均GDP在1000美元以下，居民消费主要以物质消费为主；人均GDP在3000美元左右，进入物质消费和精神文化消费并重时期。当前，我国人均GDP已经超过3000美元，城乡居民消费水平总体上应迈向发展性和享受性消费阶段，文化艺术、休闲娱乐、网络服务、时尚设计等精神消费需求将日益增长。然而，目前我国人均文化消费水平只是发达国家的1/4，以文化产业为代表的"新兴服务业"远没有发挥应有的作用。发展文化产业不仅有助于启动城乡消费市场，而且有助于优化城乡消费结构，增进服务型消费，对于扩大内需和实现消费升级大有作为。

文化产业具有高知识性、高融合性、低资源消耗的特点，能加速第一、二产业的"三产化"和第三产业内部结构合理化。发展文化产业，有助于调整结构和产业升级。从产业属性上看，文化产业本身既是生产型服务业，又是消费型服务业，不仅包含设计、研发、制造、销售等生产销售领域的活动，而且包含艺术、文化、信息、休闲、娱乐等消费领域的服务。其中，创意农业就是一个典型案例。它是以传统农业生产为重要依托，咨询策划、金融服务、旅游餐饮等现代服务业为支撑，带动了服装服饰、玩具箱包、纪念品等加工制造业的发展，实现了传统产业与现代产业的有机嫁接，第一、二、三次产业的融合互动，推动了传统单一农业和农产品食用向现代创意服务和时尚创意产品的转化。文化产业加速了产业融合，提高了第三产业占GDP的比重，推进了以创意产业为代表、服务性产业为主导的现代产业体系建设。创意产业的核心是设计。大力发展创意经济和设计产业，有助于我国制造业在金融危机中升级换代，改变"低成本、低附加值、低端市场"的发展模式，实现"中国制造"向"中国创造"的转变。设计能提升产品价值，是创意设计产业经营的价值所在。把设计作为提高技术创新水平和企业竞争力的战略工具，可以使我国企业改变依赖模仿的思维惯性，通过开发差异化产品来增加产品附加值和提高市场占有率。

创意企业具有活跃的创业创新活动内容，创意人才富有创造激情。发展文化产业，有助于企业培育创业创新精神，激发全社会的创业创新热情。创意本质上就是一种创新，其创新活动伴随着创意企业生产和营销的整个过程。在将创意市场化的过程中，创意产业的发展本身就在鼓励创业、激励创新。创意产业是创意市场化、产业化的产物，是技术、经济和文化相互交融的结果，是创新要素与金融资本相结合，向企业集聚的结晶。创意成果的产生，离不开创意人才的创新精神；而创意财富的实现，更离不开由创意企业家主导的，以创新型企业为主体的创业活动。与其他产业相比，创意企业的创业活动显得更活跃。创意与创业创新之间有着与生俱来的联系。创意需要创业创新环境的"孕育"，创业创新文化也需要创意思想的"营养"。

三、实现经济转型的对策思考

发展文化产业要突出创意的核心地位,重视人才和资本的力量,培育创意企业家和专门人才;要推动制度创新与技术创新,健全知识产权服务体系;要多渠道解决融资瓶颈,营造产业发展的有利环境;要实现技术创新与文化创意"两轮"驱动,采取强有力的财税扶持,提升创意企业的创新能力和竞争力,使创意集聚区成为创意要素的"栖息地"。

文化产业发展的核心要素是创意人才。发展文化产业关键是要培育创意企业家和专门人才,通过人才"绿色通道"引进熟悉国际文化市场规则和环境的专业高端人才,完善人才激励机制,探索建立以知识产权参与分配的新路径,营造有利于发挥各类人才智慧和才能的宽松环境。创意人才是推动文化产业发展的根本动力和核心要素,是创意资本的创造者,成为催化经济增长的"创意之本"。文化产业的高速发展必须依靠文化创意人力资本的投入和文化创意阶层的崛起。

文化产业基于创造力来获取发展动力。发展文化产业需要加大知识产权保护力度,杜绝假冒伪劣创意产品,保障创意开发者的利益,对违法行为加大处罚力度,提高违法者的违法成本,健全知识产权服务体系。创意是文化产业的核心竞争要素,但由于它的非竞争性和部分排他性特征,其很容易被人复制、剽窃、盗用。突出创意的核心地位、尊重创新主体的创造价值和合法权益,需建立完善的知识产权保护体系。一要借鉴发达国家先进的法治经验和国际立法惯例,进一步完善知识产权保护相关法律法规,健全知识产权法律保障体系。要加强涉及国际知识产权的保护规则制定,强化对传统文化知识、民间文学艺术、历史文化遗产等创意源泉的产权保护。二要进一步理顺知识产权管理体制,加强国家知识产权局、工商局、版权局、商务部等相关行政管理部门之间的合作,建立高效的协调机制和仲裁机制,提升产权管理效能。三要利用现代信息技术,建立跨地区、跨部门的信息沟通机制和联合执法机制,加强各执法部门和司法部门之间的信息共享与协调配合,针对文化创意成果转化的重点领域和重点环节展开专项行动,严厉打击知识产权侵权行为,杜绝假冒伪劣产品。四要加大知识产权保护的宣传和教育,营造保护知识产权的社会氛围,增强全社会知识产权保护意识,让创新主体自觉维护自身的合法权益,及时有效地制止侵权行为。五要积极发挥社会舆论,发挥创意产业协会和知识产权中介服务机构等社会中介组织的监督和规范作用,披露侵权违法行为,协助解决业内知识产权纠纷问题,规范知识产权服务市场。

文化产业需要有完备的投融资体系相匹配。发展文化产业,需要多渠道地解决融资瓶颈,要针对创意企业可供抵押的实物少、无形资产评估难、抵押变现难、抵押担保信用程度低等问题,健全多层次的信用担保体系,加大风险投资和私募股权基金对创意企业的投入,为文化创意企业在国内外资本市场融资创造条件。

技术创新是提升创意企业竞争力的根本源泉。发展文化产业要大力推动以信息网络技术为主的技术创新,推动产业之间的融合,建设共性技术研发平台,加快创意企业孵化器和技术市场交易平台建设,使技术创新与文化创意成为驱动当代经济发展的"两个轮子",培育骨干文化创意企业,引导中小创意企业走"专、尖、特、新"的道路。创新性是创意产业的本质特征,而技术创新是提升企业竞争力的根本源泉。推进文化创意的技术创新,一要培养企业自主创新意识,改变目前对外技术依赖过度、缺乏自主创新能力的局面。企业可以加大设计创新在产品制造投入中的比重,加强产品设计领域的商业化程度,使"中国设计"产品逐渐取代"中国制造"产品。二要建设信息网络基础设施,优化信息网络环境,搭建信息技术服务平台,通过信息化技术手段,合理开发、利用与整合各种产业资源,实现资源共享与优化配置,降低技术创新成本。三要搭建企业创新平台,建设共性技术研发平台、实验室和企业孵化器以及技术市场交易平台,加强企业技术开发和交流,促进技术转让,利用知识溢出效应提升企业技术创新能力。四要积极培育实力雄厚、规模较大的骨干创意企业和具有高成长、高创新能力的中小特色创意企业,通过两者的战略联盟,完善创新合作机制,实施有效的产学研合作,推进开放创新,让不同类型和不同规模的企业在互惠共生的环境中提高创新能力。

文化产业的大发展需要产业集聚。发展文化产业需要加快文化产业基地和区域性特色文化产业群建设，引导创意企业、专业供应商、服务供应商和相关机构等依据分工和合作关系，集中建立"文化创意综合配套改革试验区"，壮大文化产业的整体实力，使创意集聚区成为创意要素的"栖息地"。文化产业的发展与区域经济的发展水平是息息相关的。随着城市功能的完善，文化产业也越来越要求集体的互动和企业的地理集聚，以形成集群化环境。但是，在文化产业聚集的同时也产生了产业关联度低、产业链脱节、企业成长环境不理想等问题。解决好这些问题的关键在于建立一套符合我国文化产业集群发展的政策机制。一要以市场机制为导向，综合考虑现有产业基础和区域资源环境特点，合理规划创意产业空间布局，加快文化产业基地建设，搭建公共服务平台，建立服务专业化、发展规模化、运行规范化的科技中介机构，完善专业化创新服务体系，营造创意企业集群化发展的良好环境。二要协调好产业集群内部各组成部分的关系，构建一个有利于参与方协作的文化产业资源整合平台。该平台依托以政府、企业、创意机构、社会团体、传媒网络和创意人才为主的六方力量，以政府为基础，以企业、传媒网络、创意机构为主要承担者，引导社会团体、创意群众积极参与，其中传媒网络成为六方信息交流互动、创意成果展示和创意产品推介的载体，形成六方力量对话与互动的文化产业发展格局。三要充分发挥龙头创意企业的示范作用，带动其他相关企业进驻园区，加强创意企业、专业供应商、服务供应商和相关机构的紧密联系，形成从创意产生、设计策划、生产加工、运营推广、渠道销售、增值拓展到市场消费的"一条龙"循环系统，建设区域性特色文化产业群。四要树立高度的品牌意识，将培育创意企业品牌、打造创意集聚区品牌与创建区域文化品牌有机结合，加强宣传推广，提升文化创意企业的知名度和影响力。要深入挖掘区域文化特色，赋予创意产品更深刻的文化内涵，培育创意企业核心竞争力和品牌知名度。同时，也要充分利用龙头创意企业的品牌影响力来提升创意集聚区的品牌价值，扩大区域文化的影响半径，塑造良好的区域形象。五要建立"文化创意综合配套改革试验区"，鼓励先试先行，积极探索文化创意集聚区的可持续发展模式，打造有特色、有实效的国际化文化创意"特区"。

第五章　互联网文化产业基本理论

第一节　互联网文化产业的内涵

互联网文化是基于网络载体而产生的蕴含独特丰富的文化价值和文化精神的新文化形态。厘清互联网文化的内涵是界定互联网文化产业的前提。

一、互联网文化产业界定的基础

互联网文化是一种新型文化形式,不同的研究视角给予不同的界定。

一是侧重技术层面,认为互联网文化是指以计算机互联网作为"第四媒体"所进行的教育、宣传、娱乐等各种文化活动。

二是侧重生存方式层面,强调互联网文化是由网络经济这一全新的生活方式所引起的、以网络构成和信息交流的全球普遍化和实践操作的高度技术化为基本特征的信息文化。

三是侧重结构层面,互联网文化具有明显的层级性,在结构上可以分为物质、制度和精神三个层面,其中作为物质层面的互联网文化即各种互联网文化产品,是物质基础和载体;精神层面包括网络信息、知识、心理、理念和精神,属于互联网文化的核心和精微,对物质层面和制度层面起着主导作用;介于物质和精神层面之间的是制度层面,包括技术规范、运行和使用规则的政策法规和道德等。

可见,互联网文化可以理解为以信息通信技术和网络资源为支点的网络活动创造的物质财富和精神财富的总和,包含传统文化借助网络形成的文化表达形态,以及基于网络本身产生的蕴含丰富的文化价值和文化精神的新文化形态。

互联网文化具有多元性和复杂性，主要体现在互联网文化体系的开放性、参与平等性与制约松散性、内容动态性、虚拟性、高科技性和双面性。

（一）体系的开放性

在人类既往的文明交流史上，地理时空限制、语言障碍、科技落后等因素导致不同地域之间的文明难以进行文化交流，决定了文化产生、发展可形成的独立性和封闭性。互联网文化则是建筑在网络技术之上的无屏障的开放性文化，网络技术的无国界特性把整个世界变成了地球村，塑造了一个多样性和交互性的互联网文化，呈现出无疆界全球流动的开放性。互联网文化把不同文明之间的时空制约降低到了最低限度，实现了网络技术、网络信息、资本等要素以空前的速度在网络空间内开放性地流动。所以说，互联网文化是现实文化与虚拟文化的融合，是文化信息全球一体化与个体文化多元化的有机统一，超越了以前的文化形态传播的单一性。于是，互联网文化威胁着以往所有的文化形态，在信息发布与信息传播速度方面、信息内容存量方面、信息表达方式方面，汇集了传统报纸、广播、电影、电视等所有的优点和功能，网络报纸、网络图书、网络电视、网络电影、网络音乐等赋予了互联网文化内涵开放性的延伸。毫无疑问，互联网文化构建的开放性的体系必将给各种现有的文化带来深刻影响。

（二）参与的平等性

互联网文化具有极强的参与平等性。互联网文化要求"自由"原则，具有"自由接入"的特性，几乎不设门槛，没有身份的限制，每个在网络空间里的网民都可以通过网络各取所需，可以充分享受进出网络世界的自由、选择身份角色的自由、发表言论的自由、选择网络信息的自由等。此外，网民还可以平等、自由选择自己喜欢的网页和购买喜欢的互联网文化产品，如欣赏网络音乐、观看网络电影、与网友进行视频聊天等。实质上，互联网文化平等参与的平民特性，是与技术自身的低门槛性一脉相承的。然而，也是互联网文化的参与平等性的特点，使得目前对互联网文化的制约呈现松散状态。

(三)内容的动态性

一方面,互联网文化内容展现出极强的流动性。网络作为现代化的物质手段,以崭新的传播载体传播互联网文化。它通过二进制的数字 0 和 1 的排列与组合传递数据,塑造了一个绚丽多彩的网络空间;并动态地传递着大量数字、符号和声音、图像等数据与信息,实现了文字、声音、图画等的同步接收、交流与再分配,使得文化传播行为脱离时区限制和现代性的领域关系,提供了即时、高效的全球接触,将现代、后现代的主体置入网络性的器械之中,实现了文化消费与互联网文化生产的共时性。因而,网民在任何时刻、任何地点,只要能够上网就可以随时使用其他网络资源。另一方面,互联网文化内容的动态性还体现在内容个性化方面。特别是对于网站或网络社区而言,具有个性化特点的互联网文化(每个网站、每个网页或者每个网络社区都有其个性化特色,并呈现不同的文化内容和文化风格)通过网民进行着动态的交流,并成为网民之间进行及时快速的思想、信息表达的最为丰富的载体。

(四)形式的虚拟性

网络塑造了一个数字化方式的虚拟空间,并以虚拟的形式实现了对现实文化形态的超越。虚拟性是一种符号化的活动,具有多维特征:其一,是对客观事物的现实虚拟,是现实在网络空间的再现;其二,是对现实超越性的虚拟,即对现实中存在的可能性的一种虚拟,是可能具有的虚假性;其三,是一种对现实背离的虚拟,这种虚拟存在荒谬性的可能性。互联网文化也相应被赋予了虚拟特质。特别是伴随信息传递的数字化和网络化,网络经济活动过程已不需面对面地进行,而是通过网络化方式完成,即以计算机及其附属设备为物质载体,以数字化为基本技术手段,以网络用户为主体,以虚拟的网络空间为流动领域,因而,互联网文化是与现实的网络经济相互依存、相互促进的。具体而言,互联网文化是以真实世界为摹本,对真实世界进行观测,并通过复制、仿真等将其转换成数字世界中的数据流,生成具有光影和声音等能够被感知的感觉特性,创造出虚拟符号化文化;其实质是对现实世界的数字化、信息化、技术化出现,实现了现实世界的真实性与网络社会虚拟性的融合。因而，也有人将其称为"网络是无解的方程式"——网络触角在网络空间的快速延伸意味着网民从众多的网站中看到更多的虚拟世界里的一堆堆信息垃圾和谎言。可以说，互联网文化的虚拟性创造了一个具有实然和超然生活的两重特色的网络社会，在这个网络社会语境里，存在着虚拟世界与现实世界的对立和分裂的统一，这也成为互联网文化建设需予以战略层面关注的缘由。

（五）高科技性

纵观文化发展史，每一种新的文化形态的诞生，都是与科技创新息息相关的。同样，互联网文化也是以高科技为基础，依赖当代信息传输技术取得飞跃发展的，如万维网技术、TCP/IP 协议、FTP 技术、远程登录技术、BBS、MUDS 和加密技术、3D 技术、虚拟现实技术、物联网技术、云计算技术等，体现出技术至上的特征；技术的逻辑则相应主张以生产工具与生产方式的革命性变革为尺度来评价网络的时代意义。恰如 J.P. 巴娄（1995）所说："随着因特网的发展和网络交流的深入，我们将置身于它诞生以来的绝大部分技术进步事件之中。"所以说，互联网文化是建筑在高技术和互联网之上的——信息技术的发展为互联网文化的生存与繁殖提供了广阔的空间，特别是为互联网文化信息的保存和传播提供了方式和条件，实现了文化内容的数字化，创造出了高时效性、零距离高速传播的互联网文化；与此同时，互联网技术导向的互联网文化传输的模式不再是中央控制式，而是分布式，带来了互联网文化传播模式的变革和个性化网络生存的景观。从这个层面说，基于高科技的互联网文化是超越高科技本身的，这一特征使其超越技术的限定实现了技术的文化转向，特别是技术的变革，从而带来互联网文化管理层面的制度创新、管理创新、观念创新等。但是，互联网文化的控制者往往是掌握着技术垄断权的拥有者，从这个意义来说，拥有技术主导权的互联网文化将掌握着网络空间的话语权和网络信息筛选权。

（六）双面性

互联网文化是把双刃剑，其具有发展经济与繁荣市场的功能、文化传播与互动娱乐的功能，以及教育功能等。互联网文化为人类创造了新的文化和新的文化载体，丰富了人类文化世界，使人们可以用独特的网络语言进行交流，拓宽了交流空间；互联网文化也改变了人们学习的方式，开阔了视野，激发了人们的创新潜力；同时，互联网文化也提供了吸收外国先进的、优秀的文化为我所用的大好机遇，推动着我国文化建设的顺利开展。但是，互联网文化的双效性特征也带来了诸多新的社会问题：一方面，互联网文化改变了传统文化的生态环境，形成了新的互联网文化生态，在这个新的生态环境场域里，时空限域的剥离也增加了网络治理的难度；另一方面，互联网文化变异更迭过快，可能形成强势文化对弱势文化的侵略。出现互联网文化环境的异变困境，导致大量虚假信息和垃圾信息产生。可以说，互联网文化的双面性决定了建设互联网文化的双向选择：既要充分利用、发展互联网文化带来的优秀文明成果，又要积极摒除不健康互联网文化，保持、发扬民族特色文化，维护国家互联网文化安全。

二、互联网文化产业界定

在国际上，互联网文化产业与数字内容产业在概念上往往趋向一致。理解数字内容产业的定义将有助于更好地厘清互联网文化产业的内涵。数字内容产业的概念源于业界普遍认同的"内容产业"。1996年，欧盟在其《信息社会2000计划》中把数字内容产业明确为"那些制造、开发、包装和销售信息产品及其服务的产业"。日本将数字内容产业从单件制品、网络在线、移动电话和数字广播四种形式下分为音乐、影像、游戏和信息出版四个方面，其中数字内容产业的市场包括开发和销售数字内容、生产平台和相关服务，即内容产品、播放产品和服务业务。澳大利亚则称数字内容产业为创意性内容产业，指那些数字内容与应用展现信息交流，内容本身需全部或部分具有知识产权或可经数字化方式制作，或可被呈现为数字化产品，并可通过网络方式传播的产业。爱尔兰将数字内容产业定义为创建、设计、管理和销售数字产品和服务，以及为上述活动提供技术支持的产业。互联网文化产业主要包括网络游戏、网络动漫、网络出版、数字学习、移动互联网内容、网络视听、其他网络服务和内容等方面。可以说，数字内容产业是指将文字、影像、语音等内容,运用数字化高新技术手段进行整合运用的产品或服务,包括互联网信息服务、网络游戏、网络动漫、网络电影、网络音乐、数字出版等多个领域。

互联网文化产业是一种借助现代高新科技,通过网络化、数字化方式提供精神文化消费产品和服务的新型产业形态。关于互联网文化产业的概念,较为流行的观点主要有以下两种。其一,综合说,互联网文化产业上有两重含义:首先,它是以网络内容产业为先锋的信息内容产业;其次,它是指以互联网文化产业为先锋的信息文化产业,因为网络不仅是指计算机网络,还包括电信、电视网络等其他信息网络,我们所说的内容,不仅是指文化内容,还包括教育内容、科技内容等其他信息内容;最后,它指网吧产业。其二,分类说,互联网文化产业是将那些依托网络进行文化产品生产和服务的一系列活动,包括以利用和开发文化资源为基础,按照市场规律追求经济利益,实现文化资源的数字化"迁移":一是传统媒体(印刷和出版物)、音乐、影视、电视、广播和新闻等的网络生产与服务;二是在数字信息资源的文化"嵌入"方面,有网站、网吧、网络游戏、网络动漫、虚拟社区等周边相关产品与服务。

综上,互联网文化产业是与新经济形态和技术形态相适应的新型文化产业形态,是以网络技术为平台,数字化为核心的从事互联网文化内容生产、流通和提供互联网文化内容服务活动经营性产业的集合。在内容上是以互联网文化为根据的文化产业与信息产业的融合;在传播手段上,是通过网络平台将图像、文字、影音等内容,运用数字化手段和信息技术进行整合、运用;在主体上,互联网文化产业由网络内容(服务)开发商、网络内容(服务)运营商、网络设备供应商等构成;从客体来说包括网络娱乐业(如网络音乐、网络视听、网络游戏)、网络信息服务产业(如网络新闻资讯、搜索引擎)、网络信息通信业(如电子邮件、网络聊天)、网络内容业(如网络文学)、网络技术产业(如数字化终端)等。

第二节 互联网文化产业的分类

不同互联网文化产业的分类范式，反映了不同的理论切入点，但不同的分类范式并不界限分明、相互独立，而是相互关联的。总的来看，互联网文化产业的分类依据可以归结为以下几个方面：按照产业来源划分、按照产业功能划分、按照产业性质划分、按照产品类别划分、按照产业链位置的不同进行划分，以及按照物理载体的不同进行划分。虽然分类标准不同，但这些不同的划分之间有时呈现相互交叉的特点。

一、产业来源维度

按照产业不同来源对互联网文化产业划分。互联网文化产业的起步与成长是建立在网络技术基础上的，基于这一前提，互联网文化产业的分类可以以技术创新因素对其的影响和渗透程度——是完全依赖网络技术而产生的，还是部分依赖网络技术划分。

首先，核心层是原生态互联网文化产业，即完全基于网络产生的新型文化产业，它既不是传统意义上的信息产业，也不是传统意义上的文化产业，而是一种数字化的产业革命——利用网络技术进行文化产品创造、生产的活动，主要包括网络游戏产业、网络视频、网络新闻资讯等。其中，网络出版包括四种类型，以下三种类型可以归属到核心层的范畴：一是专门从事互联网出版的网站，包括从事网络文学、网络游戏、网络音乐，以及各类信息数据的网上传播；二是综合性网站的网络出版类栏目，包括网络期刊、电子书专栏；三是数字图书馆在互联网上从事在线出版的活动。

其次，中间层，是传统的文化产业基于网络平台产生的新形式，即原有文化产品和服务在各种网络上的传播和延伸扩展，如网络音乐业、网络电视业、网络电影业、网络出版业、网络广播业，此外还涉及网上交易，这里的网上交易主要特指从事文化产品或服务的交易。当然，在此层面，有一些产业形态也包含了原生态的互联网文化产业特征，如网络广播业、网络电影等，但总体来看，传统文化产业借助网络平台的运作是主流。其中，网络出版的最后一种类型，即传统出版单位增加网络出版业务，即图书、期刊、报纸、音像制品等的网络版属于中间层。可见，在互联网文化产业各行业中，核心层与中间层的界限已经变得模糊。

最后，在最外围的是物理层，主要是提供上网经营场所，典型的产业形态就是网吧产业。当然，核心层面的原生态互联网文化产业和中间层面的互联网文化产业形态之间是存在一定的融合，甚至交叉关系的。由于互联网文化产业尚未成熟，核心层面的原生态互联网文化产业形态较之中间层还比较少，但是，随着互联网文化产业的进一步发展、成熟，核心层和中间层之间的界限将会变得模糊，互联网文化产业的视域范围将变得更加广阔。

二、产业功能维度

互联网文化产业发挥着不同的功能，其功能的多元化和差异性可以用于区别互联网文化产业的不同行业类别。

一是具有网络信息功能的，如提供信息服务的综合类的门户网站、搜索引擎网站以及网络出版等。

二是具有网络沟通功能的，包括网络聊天和电子邮件。

三是承载娱乐功能的，如网络音乐产业、网络游戏产业、网络动漫产业、网络视频产业等。

四是提供文化产品或服务的网上交易功能的。

三、产业性质维度

互联网文化产业的性质具有多元化的特征。从根本性质来说，互联网文化产业属于网络经济，可以划分为公有制经济和非公有制经济。

按照互联网文化产业领域内企业性质的不同，公有制的网络经济主要包括全民所有制网络文化企业（国有企业）和集体所有制企业；非公有制经济则主要包括三资企业、私营企业,以及网民私人创造的网络企业等。从互联网文化产业的国有企业与民营企业的比重来看,这与传统的文化产业国有企业占主导的特点不同,民营企业的优势更加突出、综合竞争力更强,这与互联网文化产业高度依赖快速变化的技术创新所展现出的高速、开放、高效的特点与民营企业快速反应的机制契合,而且互联网文化领域的市场准入门槛相对较低、意识形态属性较弱,这些都推动了民营互联网文化企业的迅速崛起。

四、产品类型维度

互联网文化产业包括多种文化产品与服务的类型,这是进行类型划分的重要标志。按照互联网文化产业提供的不同类别的文化产品,可以将其划分为生产型互联网文化产业和服务型互联网文化产业,以及同时提供互联网文化产品和服务的产业。

对生产型来说,往往物化为具体的形式来提供互联网文化产品。但对以具有虚拟性、数字化生存方式为主的互联网文化产业而言,其物化的形式几乎不存在。即使在文化产品中有物化形态的报刊、图书,在互联网文化产业环节,也被转化成数字化的电子出版物,即从生产形态变成了服务形态的产品。

对服务型而言,则不取决于占有性的物化形式,是非占有关系下的文化消费方式。

实质上,对互联网文化产业而言,大都是服务型的产业类型,如提供网络聊天服务、网上文化产品交易服务、网络影视服务、网络游戏服务、网络动漫服务、网络视频服务、网络音乐服务、网络文学服务、网络出版服务、网络新闻资讯服务等。

五、产业链维度

按照所处互联网文化产业链的位置来划分。产业链通常是指按照供需的先后逻辑关系反映纵横关系。

从纵向来看,按照所处产业链条的上游、中游还是下游来将互联网文化产业划分为上游产业、中游产业和下游产业关系。

第一，互联网文化产业链的上游是互联网文化产品和服务的开发商。

第二，互联网文化产业链的中游是互联网文化产品和服务的运营商，包括各个网络内容运营平台、网络服务运营平台与网络技术运营平台。

第三，互联网文化产业链的下游直接接触互联网文化产品或服务的互联网文化企业以及大规模的网络用户（网民），主要聚焦营销环节。

实际上，伴随互联网文化产业的跨行业、跨领域、跨媒体发展，互联网文化产业的深入发展开始淡化产业链本身，而日益强调"泛文化"与"生态网络"式介入产业发展，围绕最核心的 IP（Intellectual Property，知识产权）资源打通互联网文化产业链的各环节。例如，腾讯打通了整个互联网文化产业链，形成了掌控网络影视、网络文学、网络动漫游戏等内容的行业格局。

六、物理载体维度

按照物理载体的不同对互联网文化产业进行划分。实际上，不同的物理载体构成了不同的互联网文化产业形态。

第一，基于计算机与互联网为平台的互联网文化产业，包括网络电影、网络电视、网络音乐、网络游戏、网络动漫、网络文学、网络出版、网络视频、网络即时通信、社交网络、网络广播等。显然，以计算机为载体的互联网文化形态是最初意义上的物理载体，互联网的概念在新技术日新月异的情境下不断被扩容，不单单指原来的"互联网（Internet）"，而是"网络（network）"。

第二，基于手机等便携终端与移动网为平台的移动互联网文化产业，包括手机报纸、手机杂志、手机音乐、手机视频、手机游戏、手机电视、手机电影、手机即时通信、手机动漫等。

第三，基于电视机与有线电视网为载体的互联网文化产业。

从未来趋势看，强调传统媒体与新媒体的融合发展，意味着互联网等新媒体成为未来的主导，这为互联网文化产业发展提供强大制度保障；同时，也说明未来承载互联网文化形态的物理载体将更加多元化，互联网文化产业的"网络"内涵会更加丰富，而对互联网文化企业而言，最核心的不是掌控物理载体，而是能适应不同物理载体的具有竞争力的文化内容。

第三节 互联网文化产业的特征

互联网文化产业作为一个新兴产业，包含着网络出版、网络音乐、网络新闻资讯、网络影视、网络视频、网络游戏等在内的多元内容，并随着网络技术的不断发展其内容边界不断扩展。但总体来说，几乎都以互联网文化的形态表现出来。换言之，互联网文化是以互联网文化产业为物质载体的，互联网文化的特点折射出互联网文化产业的特性，从而使得互联网文化产业既表现出理想性的一面，又有现实复合性的一面；既具有提升现代性的特点，又有在现实复杂因素下使现代性变得混乱不堪的一面。特别是互联网文化产业作为文化内容与网络技术的融合，展现出人文化特点、高技术特点、虚拟化特点、个性化和交互性等特点。具体来看，互联网文化产业的特征表现为以下五个方面。

一、互联网文化产业的内容特征

越是历史的文化，越是现代化文化的摇篮；越是民族的文化，越是人类文化的根基。互联网文化产业存在和发展的源头是深厚的文化内容。互联网文化产业是技术层面的高新科技与文化层面的高新文化的和谐统一：以数字化方式存在的互联网文化产业不仅实现了网络信息内容的大容量集聚与快速传播，还将互联网文化产品表现在信息环境中使网络信息内容的传播更加形象、生动，实现了文化内涵与技术的高度融合。

（一）我国互联网文化产业以丰富的文化资源为内容

互联网文化产业的发展建立在信息资源与人文精神相结合的基础之上。特别是在这个内容为王的时代，互联网文化产业的发展意味着要开发出更多健康有益的文化精品，摒除不健康的文化产品；同时也意味着互联网文化产业的发展应该与文化事业同步，充分利用现有文化资源整合的力量创作出更多优秀的互联网文化产品。

（二）我国互联网文化产业塑造了崭新的文化形态和文化传播载体

互联网文化产业的发展推动着我国优秀文化内容的传承。文化内容的传承实质上是文化内容的再生产过程，创造性地传承我国优秀文化必须以发展互联网文化产业作为基础，以丰富性的互联网文化活动为载体，在网络社会化的过程中发挥互联网文化产业向社会大众传递文化内容和优秀文化精华的强大文化传承功能，推动社会主义文化内容的建设，丰富人们的精神文化生活，并更新文化生活方式。

（三）互联网文化产品的艺术性和商业性的融合

就艺术性而言，互联网文化产品是以精神性本质存在的，是一种价值信念体系的表达和借助互联网文化产品寻求自我认识的追求。商业性的张力结合在一起，通过互联网文化产品显现为一种特殊的"经济"。此外，互联网文化产业的内容特征还突出表现在内容创意层面，它为互联网文化产品注入了新的内容要素，为网民提供了与众不同的新体验，如网络文学、网络视频、网络游戏就是典型。

总的来看，互联网文化产业的发展提供了一个文化内容传播的大好机遇，推动着我国传统优秀文化和价值观寓于互联网文化产品中，在一个改变着各国、各民族文化观念的网络时代，在一个开放的、全球性的文化视野之中得以传承和弘扬。

二、互联网文化产业的产品特征

（一）互联网文化产品的展现形式大多具有虚拟性和非排他性

虚拟性是针对实体物理空间而言的。互联网文化产品是寓于网络空间中的，是一个计算机与网络平台连接建立起来对人、机器、信息源互动构成的虚拟社会空间，是以信息为基本动力，以网络技术为基础手段，以网络经济为维系社会存在和发展的前提，以互联网文化改变人类的价值观念和时空的新型社会形态。在这样一个由符号与编码所形成的虚拟空间语境下的交互世界里，表现出离散、无中心的、互动式的、多元网状式的特征，赋予了互联网文化产品同样的虚拟性。互联网文化产品的非排他性，是指通过网络可以实现双向互动，不同的消费者可以同时使用，不会因使用人数的增多和时间的交叉而受到影响。如网络信息可以实现共享，并可以重复使用；网络用户的不断增加并不影响共享性，反而会促使规模的扩大。

（二）互联网文化产品的使用具有个性定制化特征和低成本性

从个性定制化特点来看，互联网文化产品和服务的提供可以根据网络用户的偏好订制，突出了网络用户的自由选择权；而且，网民个性化越发彰显，网络时代创造的效益越多。这足以证明，互联网文化产业的发展本身是需要发挥网民个体的创意和谱写个性化符号的。另外，网络经济的存在节约了交易费用，即费用较低的网络交易替代了传统的交易模式。由于许多互联网文化产品和服务是以数字化方式存在的（用0和1两位数字编码来表达和传输一切信息，把电脑二进制方式普遍化），消费者可以免费获得一些服务（只要能够联网），或者以极低的价格可以获得——消费者最终支付的产品与服务的价格，一般远远低于产品与服务自身的生产成本，说明同一件互联网文化产品与服务是可以多次低成本销售的。例如，有的网络游戏的生产成本高达数千万元，消费者只需支付很少的资金甚至直接从网络下载就可以使用。与此同时，网上交易代替了费用较高的市场交易，大大降低了运营成本，也降低了为获取准确的市场信息所付出的费用，从而降低了互联网文化产品或服务的使用成本。当然，个性化意味着创新与差异，自互联网文化产业诞生之日起，每一次发展都不是网络设备提供商和内容提供商的简单组合，而是内容创新、产品创新、服务创新、经营模式创新、管理组织创新等综合创新力的交融；而且互联网文化产业发展的时空跨界性的特点使其更强调个体而非区域的竞争，但对经济效益与社会效益双效益规律的遵循依然是其发展的基准，互联网文化产业链结构，包括互联网内容提供商（ICP）、服务提供商（SP）、网络技术设备提供商、网络运营商、广告投放商和终端用户等制约着产业的发展。

（三）互联网文化产品和服务具有高速流动特性

这主要得益于互联网文化产业的高速发展态势。从理论来看，根据信息技术功能价格比的摩尔定律（Moore's Law），计算机硅芯片的功能每18个月翻一番，价格以减半数下降；而互联网的本质就在于使时间和空间的距离为零，使网络经济活动中的摩擦系数降低，这些特征成为互联网文化产业快速增长的发动机。而且，许多互联网文化产业形态是全天候运作的，如各大门户网站、文化产品和服务在线运营平台、在线游戏、网络影视与网络音乐的欣赏等活动不受时空因素的制约，可以24小时运转。究其原因，一方面，是网络的强大功能把整个世界变成了一个地球村，将时间限制和空间因素的制约降低到了最低限度，加快了互联网文化产品和服务之间的相互依存度和流通的速度。另一方面，互联网文化产业的运行结构趋向扁平化，将传统运作模式中的中间层次的作用减弱甚至变成了"直接"经济，实现了网络两端的互联网文化产品的生产者和消费者的直接交易。可见，互联网文化产业成为一种"速度型"产业，它凭借网络光速传输般的速度，以接近实时的效率收集、处理和应用大量的网络信息，并按需快速流动，成为当今世界朝阳经济中的最大特色。此外，高速流动特性在网络增值规律上也有所体现，即网络用户越多，产品越具有标准性，收益越呈加速增长趋势；特别是当人们对互联网文化产品的内涵追求趋于强烈时，文化的传播和影响就会有力地推动富含文化内涵的互联网文化产品在市场上的扩张，并促使其在一定的消费区域和消费层次里增值、辐射；对把握先机的网络企业来说，则在互联网文化产品形成一定规模后，呈现出竞争实力加速提高的趋势。

三、互联网文化产业的功能特征

（一）互联网文化产业带来网络娱乐休闲方式的多元化

互联网文化产业的功能伴随其边界的扩展而日趋多样化。互联网文化产业的发展为人们提供越来越多的新颖、便捷的网上娱乐方式——网民借助互联网文化产业的各种形态可以进行网上聊天传递信息、网上购物、网上休闲娱乐（享受海量网络音乐、网络游戏、网络视频）等，有利于丰富人们的精神生活、缓解人们的工作和生活压力，并提供相应的综合性、导向性的大众教化功能；而网络信息流动的结果，使得信息快速增值，促使信息在所需要的地方发挥了更大的作用。

（二）互联网文化产业发展对人类文明和社会进步起着至关重要的作用

网络使人类以更快、更便捷的方式获得并传递人类创造的一切文明成果，互联网文化生态系统的发展程度则成为衡量网络社会信息化的一个重要标尺。虽然互联网文化产业的崛起给传统文化产业和社会生活各个方面带来巨大冲击和影响，但互联网文化产业的发展不仅与各种传统文化产业实现了共存，还实现了与传统文化产业的融合，塑造出了新的产业形态和多元化的文化形态，引领着当今文化发展的趋势。网络正在用一种完全不同的方式重新诠释生活，不断地改变着现实世界。

（三）互联网文化产业内含了知识传承的功能

互联网文化产业的发展推动了各大学术、图书网站的繁荣，为人们获取知识提供了便捷途径；展现出民意汇聚的功能，为网民提供了表达思想的新方式和无中介性、无障碍的新对话界面，既培育和强化了关注个体、尊重平等的文化形态，解构着传统金字塔权力控制模式的价值、效率，又是对个体参与精神的激励和平等交往伦理的张扬，培养并发挥了互联网文化"意见领袖"的作用以及联合传统文化整合舆论导向的功能；同时，也为政府了解社情民意开辟了新的窗口，形成了一个全新、快捷的公共舆论平台。

（四）互联网文化产业虚拟功能的负面性

如果不正确运用互联网文化产业的特有功能，就会导致负面的效应。互联网塑造的绝对不是一个脱离真实世界之外的全新王国，相反，互联网空间与现实世界不可分割；于是，互联网也同样会把负效应带入现实世界。如某些网络商业机构为了谋求利益而利用无极限增长、无代价的技术任意解读、侵蚀传统文化符号,造成传统文化的削弱;网民凭其拥有的虚拟身份在自由的非物理空间追求个性化表现,导致网络世界鱼龙混杂,存在着大量"真假难辨的网络信息",爆发了"网络恶搞"和"网络舆论暴力",网络闪客在互联网的技术结构之中,特别是在点对点技术、博客技术乃至网络论坛中任意行走,给网络安全带来威胁;而互联网络和手机短信技术凭借其匿名性和随意性,将具有感官挑动性和情绪宣泄性的不健康话语和图片肆意传播,将个体的道德感和社会责任感弱化到底线之下;或者利用互联网文化产品易于拷贝、传播的特点寻求新的侵权方式,传统法律制度却无能为力……这些都是需在发展互联网文化产业过程中尤其需要关注的;特别是互联网文化企业社会责任的缺失,如过于追求经济利益导致侵权文化泛滥、不良信息充斥市场等严重影响了产业的健康发展,我国应抓紧建立互联网文化企业社会责任的实现机制,实施分级管理。

四、互联网文化产业的技术特征

(一)技术带来互联网文化产业的快速发展

技术是在科学的指导下,人们在生产实践和科学实验中获得的从设计、装备、工程、规范到管理等的系统知识。技术对产业的推动作用极其关键。中国科学院的一份研究报告表明,技术对经济增长的贡献率在20世纪初为5%~20%,20世纪70~90年代为70%~80%,而到了21世纪,互联网技术的快速发展,使贡献率达到了90%以上。网络技术将各自独立的计算机处理节点通过线路接成计算机系统,通过网络及网络协议联结分散于各处的信息系统实现资源共享,并在跨越时空的条件下协同运行,成为网络经济、虚拟经济等新经济体制结构的载体。技术创新步伐的加快提高了互联网文化产品的科技含量(如动态视觉效果的提升),创造了新的互联网文化产品与服务形式,推动其向更高层次发展。与此同时,随着技术的迅猛发展与科技创新周期的缩短,互联网文化产品在网络空间传播的范围不断被拓展。

（二）技术创新延长互联网文化产业链

互联网文化产业的发展实质上起源于当今信息技术革命。信息技术革命是人类有史以来最伟大的一次技术革命，它以微电子技术革命为核心，扩展成一个庞大的高新技术群，包括电脑技术、通信技术、广播电视技术、多媒体技术、网络技术、软件技术和数字压缩技术等。在信息革命中，数字化与网络化具有更加特殊的重要意义，赋予了互联网文化产业不同于其他产业的独特性。最为明显的是 21 世纪前后，计算机技术、通信技术、多媒体技术等层出不穷，形成了科技发展的"集聚"；恰是这个技术"集聚"形成的长波突破了原有传统文化产业形成、传播的路径，其波及速度快、影响力大、自由连接等特点改变了文化生产要素的配置，大大降低了文化产品的生产与传播门槛，推动着文化产业形态更新换代的步伐，造就出了互联网文化产业的新形态，并直接推动着互联网文化产业崛起。如在网络出版业，一改传统出版几大环节，编、印、发诸环节之间的边界线逐渐模糊；网络电视改变了传统的影视节目的播放形式和播放风格，大大降低了影视节目的制作发行成本，凸显了网络用户的个性化选择；手机承载多媒体功能，向手机 MP3、手机电视、手机电影、手机报纸延伸；而新媒介终端，如 IP 机顶盒、数字机顶盒以及 DRV 数字存储器等新技术产品，使用户可以轻松通过遥控器编制个性化数字节目收视菜单、上网冲浪等。此外，技术创新还拓展了互联网文化产业的产业链条，由互联网文化产品拓展到其他的衍生产品，如网络游戏产业就是很好的证明。

（三）互联网文化产业的技术特征意味着产业发展与网络空间文化的同步

实际上整个技术创新的扩散过程反映出技术创新主体占比随着时间的推移，在互联网文化产业发展领域呈现 S 曲线式的不同阶段的演化特征，直接推动了产业的发展。技术从本质来说是"人们改造世界的物质手段和方式的总和"，技术的自然属性在被作为人类创新的手段和成果时，会负荷人类的实践目的，并带来诸多不可预测的负面效应，呈现出反文化的特质——对科技成果的误用、滥用、非道德使用,以及导致的文化泛娱乐性可能带来现实的或潜在的危害。特别是新技术的影响通常不是被控制在有限的人类活动范围内,技术变革不是数量上增减损益的变革,而是整体的生态变革,它改变一切。于是,技术带来了新的难题——数字和网络技术的发展导致许多视频元素在网络媒体出现,使得数字鸿沟和信息鸿沟扩大化问题的影响日趋增强;虽然新技术最大化地拓展了消费者使用互联网文化产业新形态的机会,但其对社会精神文明构成的潜在威胁,传输方式和形式的倍增给知识产权专有权、地域性和时间性等传统特征带来了巨大冲击,为互联网文化产业的未来发展设置了新障碍。另外,数字技术将声音、文字、动网等信息均以数字0和1来表示,加速了数字解密技术的普及,导致盗版浪潮泛滥;但版权保护的关键是限制数字解密技术的应用,这又很大程度上限制了科技的进步,使得互联网文化产业发展处于两难的困境。恰是如此,促使国家从战略层面对数字信息技术所需要的制度安排给予了重视,并纷纷出台相关规范,扶植和管理互联网文化产业的政策法规,从而推动新兴互联网文化产业蓬勃发展。

五、互联网文化产业的联动性特征

(一)互联网文化产业与相关产业不断跨界融合

互联网文化产业实现了文化产业与信息产业的融合、内容生产,网络运作的有机整合,具有强大的支撑效应、渗透效应和联动效应,并表现在互联网文化产品之间以及互联网文化产业形态之间较强的联动性。互联网文化产品层面的联动性表征为互动性的存在。万维网的出现以及基于计算机技术在文化产业的应用,改变了以往单向交流的垄断,如传统的广播电视是信息的单向流动,即从发送者到接收者的单一流向,而网络用户却开始体验交互性。"交互性"一词,斯图尔特·奥尔索普将之描述为逐步递进的四个层次,即观看、浏览、使用和控制,其中没有任何"交互性"的"观看"处于最底层,而网民可以定义内容的"控制"则是"交互性"的最高层次。网络用户可以以自己的方式控制获取信息的顺序,并可以成为互联网文化产品的主体,强化了与文化内容相关的信息内容生产者与消费者之间日益增长的交互关系，实现了网络信息内容影响下的动态双向交流。同时，网络用户之间也可以进行互动交流，将信息不是传递给某一个特定的受众，而是传递给"人数众多不定的人群"，进行大规模的交互，并相互影响。例如，近年流行的观看视频时开启"弹幕"功能，让用户能够看到其他用户对正在观看视频内容的"即时吐槽"，迎合了不同视频用户的个性化需求。

（二）互联网文化产业形态之间存在着较强的联动性

网络游戏、网络视频、网络影视等的发展，使得异质文化产业形态之间更加密切地接触，甚至零距离地浓缩在同一个文化发展平台之上，带动了若干相关产业创造延伸价值。实际上，互联网文化产业领域内各参与主体之间也表现出较强的联动性。从生态视角来看，互联网文化企业处在一个以网络方式与其他有机体联动的进化过程中，相互依赖、相互影响，为利益而竞争，并间接形成了一种虚拟关系，而且互联网文化企业之间的联动协作关系变得日益重要，在竞合中实现双赢的目标成为企业的发展诉求。但是，互联网文化产业的安全性也由于联动性而成为一个发展的困境，网络安全问题是困扰互联网文化产业发展的难题。

此外，联动性还体现了互联网文化产业参与者的双重角色的交融。互联网文化产品的生产者既是参与制作者，也可以是产品的消费者，同时可以承担多种角色。这种多重性可以充分、积极地调动起人们参与网络空间的积极性，实现不同文化产品创作者之间，以及其与网民之间的有效沟通与合作。

第六章 互联网文化产业的演化机制

互联网文化产业是与新经济、新技术形态相适应的新型文化产业形态。互联网文化产业的发展有其特有的机制,技术支撑、需求引领、市场催化、知识产权、金融支持、产业扶持与产业政策、产业分化与产业融合是互联网文化产业发展的关键动力因素,推动着产业的演进。按照布迪厄(2004)的观点"每个场域都有某种准入规则,对任何试图参与游戏的人都会征收一笔类似入场费的东西,确定了谁更适于参加这一场域,从而对行动者进行优胜劣汰的遴选"。

第一节 互联网文化产业动态演化的理论研究与演化模型

互联网文化产业所在的文化生态场域隐含了技术、制度、市场、集群等诸多驱动因子的互动共生,如何打造一个全新的基于互联网文化产业发展机制的高效、规范、系统的新治理体系,提升驱动因子的张弛力,降低与纠正现有游戏规则、技术等偏离正轨的负面性变得至关重要。在互联网文化产业全面崛起、管理问题层出不穷的大背景下,系统把脉我国互联网文化产业发展的驱动机制,有助于政府建构具有前瞻性的互联网文化产业治理机制,推动产业健康、快速发展,并创造良好的互联网文化生态环境。

一、互联网文化产业动态演化最新理论研究

互联网文化产业的发展具有持续创新的特点。从创新的概念来看,要突破在技术和市场二维空间谈创新概念。有的学者强调语义设计与价值性创新构成的设计创新驱动理论,是设计创新与技术创新的解耦与分拆,这一创新界定也符合互联网文化产业的创新特点。不断滋生创新的互联网(The Generative

Internet），对文化企业而言，创新要素集聚对于创新效率提升的空间外溢效应明显。但创新与创意管理面临的挑战是如何超越"求新"与可持续之间的固有程式，找到能够缝合或者包容两者悖论与矛盾的方法，较之技术创新与产业发展，互联网文化产业制度存在明显的滞后性与非连续性。互联网文化产业发展活力的迸发需要制度创新的配套与融合，积极创新文化政策对于摆脱产业发展僵局、扩展有效空间维度意义更大。

互联网文化产业依赖高新技术的发展，伴随技术创新成果转化为互联网文化生产的周期变短，技术变革带来的互联网文化产业强关联性与波及性加速着互联网文化产业形态的更新换代，并引发新一轮的互联网文化产业业态变革。技术要素是互联网文化产业发展演化的重要驱动，推动着产业融合与产业分化，技术创新是一种"创造性破坏"，但技术的非理性滥用，也给互联网文化产业发展带来了灾难，视频游戏机领域的软件盗版问题就是典型，商业软件联盟（BSA）的报告表明世界软件业的平均盗版率高达42%，2010年由于盗版带来的巨额损失达590亿美元。技术创新步伐的加快提高了互联网文化产品的科技含量（如动态视觉效果的提升），创造了新的互联网文化产品与服务形式，互联网文化产品在网络空间传播的范围不断被拓展。有学者指出，数字技术推动着视频游戏行业不断更新技术与知识、开发新产品，也推动了产业集中、产业融合与组织创新的进程；还有学者认为电子游戏产业正被数字技术与创意重新塑造，强调了技术与创意创作的交融带来产业的不断革新。

从集聚驱动来看，关于产业集聚的度量指标有空间基尼系数、赫芬达尔指数、胡佛系数、熵指数和E-G指数等。一些学者认为网络游戏产业的外部效应并不仅取决于企业、组织机构，或是技术人员、创作个体等基础单位的集聚，而是基于城市区位与空间要素的结合，且许多大型非线性网络游戏都是群集智能的应用；美国佛罗里达通过创意资本理论强调驱动产业发展的是人才，因为创意人才总是往多样化、高宽容度和对新观念开放的地区集聚；还有学者强调集群创新网络合作度、开放度对集群增长绩效的作用是动态变化的，文化的适度嵌入是保持集群长期可持续发展的关键，不同的集聚度对创新的影响存在区别：集聚度低时，专业化集聚有利于创新；集聚度高时，多样化集聚有利于创新。产业集群具有优异的环境、功能带动作用与文化的根植性的共性特征,政府应配套制度安排作为外部推动力实现互联网文化产业集群发展。

互联网文化产品、互联网文化消费、互联网文化平台的推动、产业融合也是重要的驱动力。互联网文化产业的发展带来了消费者与生产者间界限的模糊,长尾理论的应用放大化,促生"微创新"主导网络"长尾"市场,互联网文化消费者在各种装置间传输各类数字内容的要求促使平台间实现兼容性,推动了多元互联网文化主体的生长、发展与壮大。

此外,产业分化与产业融合、集聚的交融也驱动着互联网文化产业的演化。随着宽带和移动技术在互联网文化产业领域的应用,静态互联网向动态网、语义网,以及网络终端多样化、智能化发展,推动了手机、网络新媒体与传统的电视、广播等旧媒体,以及制造业/服务业的跨界融合,不断分化出与成熟的工业、高科技、金融业、商业等彼此支撑和优势互补的新型产业业态。(钟忠,2010)网络词语元素、网络形象元素与混沌元素等网络感性营销元素的应用,以及网络娱乐营销、网络口碑营销等营销创新与在线消费模式的培育成为助推产业发展的重要驱动力。(李文明、吕福玉,2013)

二、互联网文化产业发展的三维动态演化模型

综合上述关键驱动因素的分析,在此归纳出互联网文化产业动态演化的核心逻辑架构,即互联网文化产业发展演变是业态演化、集聚演化与生态演化的互动共生,其演化历程类似于生态学上的"间断均衡",是稳定"长波"与突变"短波"的耦合体,由此形成了互联网文化产业发展的三维动态演化模型。

第二节　互联网文化产业业态演化机制

互联网文化产业是新经济形态。按照部分学者的观点,新经济有三个特征:一是越来越全球化;二是越来越无形化;三是越来越去中心化,以网络与流动性

为特征。数字化与连通性、非居间化和再居间化、专门化和客户化、行业趋同是新经济发展的四种驱动力。有学者提出"居间化—非居间化—再居间化"的循环框架，强调短期看表现为非居间化，长期看则出现再居间化，重新进入价值增值链中。互联网文化产业非居间化的过程与居间化、再居间化、技术创新交融在一起，共同作用推动互联网文化产业新兴业态不断迅速涌现。

一、互联网文化产业非居间化机制

所谓互联网文化产业非居间化，是互联网文化企业通过采用新方式、新手段减少中间环节，直接面向网民受众提供互联网文化产品和服务的渠道过程，是对复杂的互联网文化产品与服务运营渠道结构的响应与管理，孕育着其他互联网文化企业采用创新性方式化解非居间化压力进入再居间化的过程。

互联网文化产业在新经济的孕育与催化下展现出的全球化、无形化与去中心化的发展趋势，加速了互联网文化产业非居间化进程，创造了更便利、更弹性、更快捷的运营模式，造就了传统文化产业的衰退与革新，在消解着传统文化艺术优势的同时，也呈现出反经济周期的特性，呈现逆势上扬的发展特点。特别是技术创新、文化创意、管理创新、组织模式与运营模式创新、流程创新的高度融合，加上互联网文化产品数字化生存方式的边际成本低易复制、易传播、易修改与分享的特点，推动着互联网文化产业向着非居间化演进，颠覆了原有文化产业生态发展格局，改变着产业结构——传统文化产业形态更新换代或是全面革新——利用计算机、手机、移动终端等不同载体形成网络媒体间的互补性，拓展了文化产品与文化服务传播范围、影响力，并借助资本链、人才链、渠道链与品牌链等不断衍生出新的互联网文化产品、互联网文化载体（媒介）与互联网文化业态，提高了互联网文化产业的增值效应。但不容忽视的是，互联网文化产业的版权保护问题也成为一个难题，建立全新的互联网文化版权保护机制刻不容缓。

互联网文化产业非居间化速度加快。根据摩尔定律与吉尔德定律，网络经济的发展速度通常是其他经济发展速度的7倍（网络经济中的1年相当于世间的7年）。互联网文化产业是一种速度经济，互联网文化产业处于不断加速分化的状态，互联网文化企业亟须具备基于速度的竞争优势才能更好地在网络空间生存。实际上，互联网文化产业的深入发展日益彰显出互联网文化企业在网络空间生态圈里要实现共生共存的目标，互联网文化企业之间的协作、沟通、资源共享、寻求共赢模式显得越发重要。

二、互联网文化产业的再居间化机制

再居间化机制反映了互联网文化产业诸业态之间以及与其他相关产业的不断融合之势，重塑着互联网文化产业业态创新与运营模式创新。互联网文化产业将现实与虚拟的文化资源借助网络平台进行着资源的迁移及整合，利用突破性的技术创新作为内在驱动力重新界定产业边界，推动互联网文化产业融合进程。

以网络技术进行的创意、制作、开发、营销等，带来了传统文化产业领域的大革新，推动着传统的报纸业、出版业、电视产业、电影产业、旅游业、音乐产业等与不同互联网文化产业业态的多维度互动与竞争，广播业、电影业、电视业昔日的风光不再，成为网络广播、网络视频、网络电影、网络电视，以及网络游戏产业的衬托与补充。

互联网文化产业领域不断进行着业态的调整、改组，促使其与科技、工业、商业、金融等行业交融壁垒降低，实现优势互补与彼此支撑，发展出新型业务、新型部门与具有替代性和互补性融合的互联网文化产品，形成新的盈利点与增长极。

互联网文化产业的再居间化演变呈现动态性，表现为两个维度。一是横向一体化融合维度，对同一互联网文化产业业态内的不同文化企业进行横向整合，包括文化内容原创与运作模式的整合、管理组织的重组、文化资本与文化市场的整合，以及互联网文化人才的共享与整合等，以减少互联网文化产业领域内其他文化企业对网民及其时间的争夺，规避创新风险与资本风险，提高互联网文化企业规模经济性。二是纵向一体化融合维度，基于互联网文化内容的原创、生产、传播、流通、销售等诸环节对互联网文化产业的产业链上端、中端与下端进行纵向扩张与整合，形成高效的产业链，减少运营环节（如对生产、发行与零售环节的控制)与成本,控制物质性与非物质性稀缺文化资源(特别是版权资源),提高互联网文化企业的范围经济性,打造出竞争力强的大型互联网文化集团。例如,P2P作为不需要经过中继设备可以直接提供交换数据或服务的技术,实现了网络空间文化资源与服务的共享,提高了沟通的便捷性,消除了中间环节,让更多的网民参与到互联网文化的生产、创作与流通环节里,丰富了网络信息的传输,建立起互联网文化产业诸链条间的有机衔接与融合。

三、互联网文化产业技术主导的动态演变规律

从技术长波曲线来看,科技创新的速度和增长周期越来越短的趋向构成了互联网文化产业业态间此消彼长的过程。互联网文化产业技术创新演化过程中,诸要素之间的相互作用、相互依赖构成了相对稳定的有机体,呈现出技术创新的整体性、有序性、过程性与动态性。特别是伴随着新技术在互联网文化产业领域应用的成熟化:一是外生技术创新引发整个互联网文化产业技术的进步;二是互联网文化产业内部的技术创新。其科技创新的多维发展与应用空间如同基数式的增长累加,与互联网文化产业业态演化齐头并进,伴随新技术在互联网文化产业领域各节点间应用流量与应用速度的加快,各节点间产生了不同文化的产品融合,创造出具有异质性的互联网文化产品与服务,在技术获得自我突破的同时,也推动技术创新进入新一轮的创新演化周期。

美国学者熊彼特强调,技术创新是一种创造性破坏,新技术不断打破旧技术的根基,打破旧技术在互联网文化产业领域的应用与市场支撑以及在传统文化产业领域积累的优势,应运而生的是与新技术所对应的产业业态。同样,卡斯特在其《网络社会的崛起》一书中曾强调"信息化经济的独特性在于它形成了以信息科技为基础的技术范式,彻底释放了成熟工业经济潜在的生产力,新技术范式改变着工业经济的范围与动态性,创造了全球经济"。卡斯特突出了新技术范式对产业、组织与制度的重构能力,以及基于技术高度整合新旧产业系统的优势,实际上凸显了技术创新的主导性,它不断滋生出新的互联网文化业态,创造着新的发展格局。

技术主导的互联网文化产业动态发展轨迹呈现出应用日新月异的技术创新与漠视新技术运用的新旧格局和不同命运。特别是伴随技术创新的加快和创新周期的缩短,这种"创造性破坏"带来的新创意、新文化、新产品、新服务、新模式对互联网文化产业业态此消彼长的影响力越来越大。同时,技术创新推动着互联网文化产品内涵的挖掘与高品质的打造,带动了互联网文化产业竞争力的提升与产业结构的优化,不断创造出互联网文化产业新增长极。

互联网文化产业的技术创新扩散呈现 S 曲线的特征:在技术创新活动开始的扩散低速期,部分互联网文化创新主体抓住有利时机积极开展技术的创新与应用,在短时期内获取竞争优势与垄断地位,但大部分创新主体对技术应用前景把握不清而不敢盲目进入新领域;在技术创新应用互联网文化产业领域的加速期,技术创新带来的革命性变革,以及广阔的创新空间与创新主体的趋利性,加速了技术在互联网文化产业空间应用的扩散进程,进而推动了互联网文化新业态的兴起;最后进入技术创新扩散的减速期,创新扩散空间与盈利空间的减少导致创新主体的日渐淡出,寻求进入新一轮的技术扩散循环。整个技术创新的扩散过程反映出技术创新主体占比随着时间的推移,在互联网文化产业发展领域呈现 S 曲线式的不同阶段的演化特征。

掌握核心技术是提升互联网文化产业的重要法宝。同样,技术的悖论也将互联网文化产业导入一种发展迷局。技术创新在虚拟网络空间的非法运用使音乐、书籍、影视等文化作品的拷贝与传播变得容易、快捷与低廉,在无边界的网络环境里推动着网络侵权的恶意扩散,侵犯了版权人的合法权益,也严重打击了互联网文化原创者的积极性,使得互联网文化产业知识产权保护成为一大难题,从而对整个产业发展产生深远的不良影响。

第三节　互联网文化产业的集聚演化机制

空间经济的集聚或是分散布局是由离心力与向心力的共同作用决定的,集聚在一起的向心力则主要来自需求集中的累积因果效应,但互联网文化产业集聚突破了传统的空间集聚,具有非空间集聚的优势,即不同互联网文化主体在同一资源平台上进行互联网文化产品与服务、技术、人才、资源等的竞合,形成较大规模经济单元,实质是一种主体集聚。对互联网文化产业发展而言,除了主体聚合的硬性集聚,还有软性集聚,即制度集聚与创意集聚,同样带来互联网文化产业的动态演化。由此,互联网文化产业集聚演化形成了三大集聚文化之间的相互作用:一是主体集聚文化,多是建筑于相同的地域空间系统之上,在互联网文化产业集聚演化初期发挥主导作用;二是制度集群文化,是内生制度与外生制度的聚合,在互联网文化产业集聚演化发展期发挥主导作用;三是创意集聚文化,是一种开放式的创新与创意的融合共生,往往在互联网文化产业集聚演化成熟期发挥主导作用。

一、互联网文化产业主体集聚机制

相似的互联网文化要素禀赋、区位比较优势、互联网文化管理体制增量改革与巨大的互联网文化产品市场,使得互联网文化创意主体总是和其相融合产业的创意主体周围进行横向共生集聚,通过创意与互联网文化的多样性互动,吸引更多互联网文化创意人才、高新技术的集聚,形成较大规模的经济单元网络关联,并促进文化生产率的提高。

互联网文化产业的生存能力主要取决于互联网文化的创造、生产与运营主体及互联网文化消费主体。互联网文化产业主体要素集聚可以划分为两个阶段:第一阶段是优势生产要素(技术、市场、政策、信息与人才等)的集聚和成本(创作、生产成本、交易成本等)降低的集聚,往往以互联网文化产业集聚为载体,以高科技为基础要素,呈地理空间上的集群式分布,互联网文化产品创作、流通、市场、技术以及营销网络主体形成水平关联与互动,打造出独特的集群发展环境,从而提高了互联网文化创意的规模效率。第二阶段是鼓励创意,创新制度,推动知识扩散,健全公共服务平台(如互联网文化产业投融资平台,统一的互联网文化市场等)与区域地理环境的共生要素的聚合,推动互联网文化产业诸产业链条的渗透、有机链接,不断优化互联网文化资源配置,打造出具有一定竞争规模与自主创新能力的互联网文化产业主体,并通过扩散效应加速互联网文化产业规模化进程。这里值得一提的是市场查寻摩擦理论,对于互联网文化产业而言,主体空间上的实体集聚与平台虚拟集聚一定程度上降低了互联网文化市场买卖双方相互寻找、匹配时面临的困难,降低了产业交易与运营的成本,提高了整个互联网文化产业对经济增长、社会进步的贡献率。

互联网文化企业主体集聚演化受到诸多不确定因素的影响,在主体集聚的不同阶段,互联网文化企业之间的竞合关系是不同的,往往是主体集聚的初期与衰退阶段趋向于竞争而非合作;在集聚的成长与成熟阶段则选择协作共生,特别是伴随规模经济的出现,共享与交流降低了互联网文化企业的创新成本,提高了创新收益,促使主体之间形成稳定的共生关系。同时,需要防止掉入"技术锁定"陷阱。从互联网文化产业演化轨迹来看,其空间上的聚集偶然性更突出,但由于政府政策优惠或者政策导向,一些并非最有效率的聚集区域的互联网文化产业形成初始优势,并伴随"锁定效应"与"累积效应"而展现出集群效应;也或者出现无效集聚、资源浪费的结果,说明政府决策是影响互联网文化产业集聚演化的重要因素。

二、互联网文化产业制度集聚机制

制度创新与技术创新互为补充、积极发挥作用,强劲而高效的制度创新与技术创新的交融是互联网文化产业发展出现增长的重要推动力。互联网文化产业的崛起态势与问题的增生对整个产业结构与社会结构的形构作用,凸显了现有文化产业管理制度的不足与滞后。改革不适应互联网文化产业发展机制与态势的文化管理体制,制定新的更适应互联网文化产业发展的新文化运作方式和管理制度成为产业发展的内在诉求。

互联网文化产业制度演化过程是内生制度与外生制度的交互作用与演进,对互联网文化产业发展具有重要影响,其中,对内生制度的关注是对互联网文化产业内在发展机制的遵循,外生制度是建立在内生制度补充基础上的,是政府对互联网文化产业版权保护制度、规章制度与促进产业发展制度的集合。外生制度是制度集聚的主要形式：第一，完善的互联网文化产业版权保护制度，对于推崇原创、创新与创意的互联网文化产业生存与发展而言异常重要，可以保护、鼓励互联网文化创意的永续性；第二，互联网文化产业促进型制度体系，是政府引导、支持、扶植、促进互联网文化产业发展的制度保障，包括将互联网文化产业确立为主导产业的政策，放松规制、打破行业壁垒与宽松准入，支持互联网文化产业原创、创新的资金与政策倾斜，推动互联网文化产业规模化、集群化发展，扶植互联网文化产业"走出去"等相关政策体系；第三，互联网文化产业规章制度体系，是针对互联网文化市场失灵与无序、超控发展，纠正负效应推动产业良性发展的手段，包括经济性规制与社会性规制。前者侧重互联网文化市场主体进入规制与互联网文化产品的价格规制，确保市场的有序性与公正性、统一性；后者偏重互联网文化产品与服务的"健康性"，关注互联网文化产业提供精神食粮的质量与效果，确保整体的社会效益。

互联网文化产业制度呈现"聚落取向"特征，当新的文化产业制度无法适应新兴互联网文化产业之时，恰是制度框架调整之时，在传统文化产业管理制度体系中融入互联网文化产业管理的理念，并扩散到互联网文化管理、互联网文化版权范畴，从而克服传统文化产业制度对互联网文化产业发展的限制。网络的高效传播将著作权法的一贯方针弃之不顾，并未对其共享的内容是否拥有著作权加以甄别。随着互联网文化产业的快速发展与侵权事件的增多，加快出台互联网文化版权保护制度成为产业发展的必要条件，通过版权保护制度构建可以有效解决文化创意的排他性，利用技术或信息壁垒保护版权人的合法权益与创意、创新积极性与主动性，鼓励互联网文化产业领域创意生态氛围的形成，实现文化创意的循环与扩散。互联网文化产业制度集聚往往是和技术交融在一起的，换言之，在网络空间，互联网文化的管理与版权保护等问题需要依托一定的技术手段来实现。但是，如何让制度创新跟上技术创新的步伐是亟须探索的。

三、互联网文化产业创意集聚机制

创意是实践观念与思维的交融，是互联网文化产业得以生存与发展的核心基础要素。创意往往与拥有自主知识产权密不可分,是互联网文化企业可持续发展的源泉。文化人才是创意、创新的核心要素,互联网文化创意人才的集聚,形成了一个特殊的高端阶层,推动着互联网文化产业的不断创新、发展;而新观念、新知识、新思想、新技术在互联网文化产业领域的聚合与扩散,更多的是微创意、微创新的专注与应用,不同的技术创新会创意出具有异质性或互补性的互联网文化产品,即使应用相似的技术能力也可以创意出具有差异化的文化产品与服务,以及新的业态、新的发展空间。

创意集聚是通过与外界互动的结果,那些建筑于空间集聚优势的创意集聚与扩散,容易被"锁定",形成发展的路径依赖,虽然有助于集群内的互联网文化企业相互之间知识、技术溢出与创意人才的共享,但长期来看容易压抑可持续创意活力的保持与潜力的释放,因而,建立有效的开放式的创意学习机制,构建与外界互动交流的"创意通道"至关重要。

创意集聚演化是开放式的不断创新、提高竞争优势的生态过程,可以分解为两个层面:一是创意投入阶段,由创新投入、人才投入、技术投入与资金投入的集聚形成创意集聚,它打破了互联网文化产品与互联网文化服务的界限,推动整个互联网文化产业链诸环节的创新,推动增值生产行为的循环;二是创意产出阶段,创意集聚渗透互联网文化产品与服务的受众领域,文化企业通过和网民的双向动态交互,利用网络视频即时通信工具及相关互动技术形成创意网络,发挥网民作为最为活跃的创新因子与创意主体的作用,不断产生新的创意、新的思想,从而既符合绝大多数的网民大众化的需求,也迎合小众化的网民个性化的偏好,这是互联网文化企业创新最直接的驱动因素、最具活力的创意和增值的社会化因子。

第四节　互联网文化产业生态演化机制

互联网文化产业生态演化,是生态位、生态链与自衍生的融合,包含着自组织机制、自我复制机制、变异机制的相互作用。互联网文化产业的生态演化类似于生态系统演替,为了保持互联网文化产业生态系统的健康运作,多元化的互联网文化创新主体集聚并聚合反应、共生共荣形成复杂多样的群落,而系统内各种不同互联网文化企业在特定的地理空间、政治经济环境与社会文化环境下形成了互惠共生与协同合作的关系,以及创新系统的多样性、适应性、自维性,影响着互联网文化产业生态系统的整体功能,推动着互联网文化产业呈现不断自我超越的突变式发展格局,持续创新着互联网文化生态价值链。

一、互联网文化产业生态位演化机制

互联网文化产业内各种创新主体通过不断调整生态位的适应度与不同生态位间的扩张与跃迁实现自身演化,强势互联网文化企业、强势业态在系统中占据主导并引导系统内其他企业或业态动态发展,引发着生态位的变化。生态位的高低决定了互联网文化产业在整个产业系统中获取、配置优势文化资源与文化生产要素综合能力的大小,不同业态、不同互联网文化企业从低层次生态位向高层次生态位的跃迁是其内在追求的发展、进化目标。

在互联网文化生产框架下,互联网文化产品具有高风险性与不确定性,受众对互联网文化产品的选择也具有不可预测的个性化偏好与不稳定性,形成了差异化的市场需求;与此同时,网络资源的拥有与利用状况、核心技术创新与掌控情况、制度环境的支撑等都会牵引互联网文化企业在整个生态圈里进行非均衡的动态竞争而出现强弱生态位的变化,生态位平衡不断被打破,导致互联网文化产业全球区域发展不平等的加剧。从产业结构维度来看,目前的互联网文化产业结构呈现不均衡状态与趋利性。在成熟的网络游戏业、网络视频业、网络音乐业、网络文学业、网络出版业、网络动漫业等领域,网络游戏产业所占比重过高,占据了最优的生态位;而其他相关产业结构松散,占比小,发展相对羸弱,在整个互联网文化生态中处于较劣的生态位,这一结构现状不利于我国互联网文化产业综合实力的提升。从区位结构维度来看,互联网文化资源的利用与开发由于网络信息资源的全国区域上分布的"二元性",导致西部地区发展互联网文化产业赖以依存的资源基础极度贫乏,在整个生态位体系中西部互联网文化企业处于弱势,限制了西部地区互联网文化产业的发展。就互联网文化企业个体维度而言,在整个复杂的互联网文化产业生态系统里,组成系统的各个互联网文化企业利用同一资源或共同占有同质要素时就会出现生态位的重叠与争夺——根据高斯的竞争排斥原理,具有相似环境要求的两个物种为争取有限的食物、空间等环境资源而无法长期共生共存,除非两个物种生态位分离或者竞争平衡状态被打破,否则生存竞争力较强的物种迟早会取代竞争能力弱的物种。因而,面对复杂多变的文化市场,互联网文化企业为了改变现有生态位,应积极利用文化资源创新活动、规模扩张行为、释放技术创新效应与市场效应等竞争性行为占领有利自身生存与发展的新的"生态势"高的生态位,从而提升互联网文化企业的综合竞争力。

互联网的开放、日益普及的宽带和无线网络为主导的科学技术进步与应用创新的良性互动,不断创造出互联网文化产业的新增长极。加快互联网文化产业不同业态间的融合与培育、积极寻求科学合理的产业化运营模式、利用互联网文化产业这一新兴的增量领域带动传统文化产业存量领域的发展,将是互联网文化产业在整个文化产业生态域里居于优势生态位的关键。

二、互联网文化产业生态链演化机制

互联网文化产业生态链演化机制反映了互联网文化产业上、中、下端不同业态群与外界产业环境之间的资源整合与竞争关系。伴随网络经济、知识经济、信息经济的快速发展,现实经济与虚拟经济的融合、竞争的进一步加剧,整个互联网文化产业发展架构向着无中心化方向发展,经营模式与盈利模式趋向多元化。

在整个互联网文化产业发展的特定生态环境中,互联网文化消费群体细分化,产业价值链上群居多个相关联的参与主体,就像生态链中的寄生者一样,既为了利益相互争夺,又相互依赖,关联企业形成了不同的产业业态群进行互联网文化资源的竞合,互联网文化物种呈现多元化。不同的互联网文化物种占据相应的细分市场,小众型互联网文化市场快速繁衍,互联网文化消费者利用数字化方式、标准化协议即时传输文化消费偏好,促使不同产业业态群体之间及同一业态群内不同互联网文化物种之间的融合性更高,推动着弱势互联网文化物种可以接触到更广阔的细分市场,实现了互联网文化的多态化。其实,在整个互联网文化产业生态链中,互联网文化产业运营都要依赖产业链前、中、后端的庞大网络用户群,因网络用户群基数决定了互联网文化产品的市场规模;产业链中端与后端的文化企业盈利模式往往不是利用互联网文化内容或产品直接进行收费,而是利用流量或相关衍生品进行间接份额化收费(对网络用户而言,属于微支付方式)的增值模式。

在互联网文化原创、运营与销售生态链的演化过程中,创意产业链、外部相关网络资源、信息的集聚与有效供给及网络平台相互依赖,形成了一个生态链条。互联网文化创意生态链内部存在信息、资源的流动与交换,形成了类似自然界物种之间的共生依赖关系,这是生态链得以运作的源头与基础;互联网文化产品运营链,包括互联网文化产品运营平台、互联网文化产品投融资、互联网文化产品物流、网络知识产权服务平台,属于外部的物能条件,是互联网文化产品与服务和销售环节之间催化实现价值的载体;互联网文化市场(营销)链,包括互联网文化市场中介、互联网文化版权交易等,是互联网文化孵化与创意循环新起点,是互联网文化生态系统功能价值旨归。在整个生态链中,互联网文化产业生态链的正常运作需要互联网文化企业考虑诸发展要素的承受能力,网络资源与空间的结构性规模扩张不能超越产业本身的实际发展水平与互联网文化企业自身的驾驭能力。

三、互联网文化产业自衍化机制

尤金·奥德姆 1969 年提出生态系统演化理论,强调生态系统是一个要实现健康有序状态的"发展战略",成熟的生态系统是生态系统演替的"顶级"阶段,表现为:一是生态系统内各类有机物形成了互惠共生的合作状态,从最初的互相竞争的关系向协同共生方面转变;二是形成了一个多样性的生物群落;三是生态系统达到稳定状态时生物数量处于稳定状态,系统重点是维持原状;四是充分利用系统内物质,在生态系统内永远循环而不是排出系统,蕴含了自组织的内涵。

所谓自组织,是指不通过外界指令能够自行组织、自行创生、自行演化与自主从无序走向有序、从低序走向高序、从一种有序到另一种有序,形成有结构系统的演化过程。从演化的自组织特点来看(见表6-1),诸要素的优化组合与新技术、新产品、新业态的衍生融于整个互联网文化产业发展演化过程之中,在不同的发展阶段演化动力具有差异性,自组织与他组织发挥作用的阶段也呈现不同,但从整个演化历程来看,自组织动力与他组织力量是有机融合的。

表6-1 互联网文化产业生态演化的自组织特点

演化要素	演化动力	演化趋势
演化活动	文化生产要素不断优化、组合,衍生出新的业态,形成创新的共识,创新性的产业文化形成	自组织动力稳步提升,与他组织力量有机融合
技术要素	致力于自主创新,在新技术基础上形成新的竞争力	
产品要素	根据互联网文化市场变化开发新文化产品或新服务	
产业关联	相关企业之间,以及产、学、研之间相互作用、沟通,交易频繁,产生协同效应	

互联网文化产业自衍化机制内含了互联网文化产业生态化的实质,构建一个能够促进和实现互联网文化产业系统和网络社会系统、自然生态系统之间在资源利用和开发上,实现和谐循环的良性产业体系。互联网的开放性、包容性、交互性与多聚合等特点为互联网文化物种的多态性提供了有利的生态环境,推动着新互联网文化形态的衍生,形成了互联网文化物种的多样性。实际上,互联网文化产业集群形成的本质就是作为复杂的生态自组织系统的协同,不同类型的互联网文化形态聚集相合在网络生态中形成相互依存、相互促进的协同共生关系,明晰了不同业态的功能定位与演进趋向,体现出自我生成、自我组织的多次协同衍生过程;且形成了一个相对稳定的状态,当生态变异机制与重组机制发生时,就会利用外部催化、内部自驱,或者不同业态的杂交融合引发不同互联网文化业态进入基因组合的循环效应之中产生新的互联网文化形式或业态,形成产业生态系统内的良性循环,从而增强互联网文化企业的生态适应力与创新力,加速互联网文化产业的发展演进。

根据良性循环带来收益递增定律,静态互联网向动态网、语义网,以及网络终端多样化、智能化的发展带来了新兴行业的"收益递增"效应——互联网文化产品与服务的边际成本随着网络规模的扩大而递减,在网络外部件的影响与日益攀升的网民规模大环境下,边际收益呈现递增趋势,推动着不同互联网文化产业业态的诞生与发展。一方面,旧文化形态在全新的网络生态环境里获得新生,充满人类智慧、创意与灵感的发散性创造思维因子在网络空间里集中爆发,从文化内容到展现形式都契合互联网文化的本质特征和网络的表达方式,突破了传统文化产品的局限,塑造了全新的文化产品展现形式;打破了传统的文化产业垄断下的发展局限,并开始运用版权保护技术全面、有效地实现创新的应用,获得新发展活力。另一方面,新兴的互联网文化形态自我融合、自我复制与自行衍生,形成一种符合网络运营规律的架构,互联网文化产业容纳性更强,自我更新力更强,不断演化出新的互联网文化内容。

此外,自衍化过程包含着整个互联网文化产业生态系统各个主体之间内外协同互动的生态特征,包含着持续性或周期性的创新和变异,特别是互联网文化的创作与消费适应了网络定制化时代的个性化偏好与多元化需求,成为互联网文化市场主体进行市场细分与差异化竞争的内在依据,于是伴随网络用户规模的增加,精细化互联网文化生产应运而生,势必要求适应差异化需求的"个人定制"时代的到来。

互联网文化产业发展已成为我国经济发展的重要支柱产业。当前"文化与科技融合"大环境为迎接互联网文化产业新一轮的发展制高点铺设了战略基调。深度把脉互联网文化产业发展演化趋势与动态,对全球化背景下文化产业创新力与综合竞争力的提升具有重要的现实意义。从业态演化机制来看,我国应积极利用互联网文化产业非居间化、再居间化与技术创新主导机制,加速互联网文化产业跨界融合、业态创新与核心技术变革;从集聚演化机制来看,要充分利用主体聚合的硬集聚与制度集聚、创意集聚的软集聚在地域空间系统与网络时空系统实现杂交,推动优势区域互联网文化产业开放性创新溢出效应在全国的扩散;从生态演化机制来看,要发挥多元互联网文化物种共生共荣、自维与衍生新互联网文化形态并培育互联网文化生态价值链的功能。这无疑凸显出加快构建互联网文化产业新治理体系,培育一个开放、多元、健康的互联网文化产业生态环境的刻不容缓。

第七章　数字文化产业的商业模式

商业模式是客观清晰地描述商业活动各个模块之间的联系的一种方法,涉及企业的核心价值主张、内部的关键能力、外部的重要合作及资本运作等。根据前一章所述数字文化事业与文化产业并行互惠合作的原因,本章首先分析商业模式的概念及模式建立的方法,进而构建出数字文化事业的公益模式和文化产业的商业模式,并对其分别进行具体分析。

第一节　商业模式的定义

在国内和国外对于商业模式的定义是不同的,从目前的研究看,定义通常包含了三个层面:经济层面、运营层面和战略层面。

托马斯指出,商业模式是开展一个有盈利的业务所涉及客户、资源、供应商、渠道、能力的总体活动组织。

图齐·皮尼尔和奥斯瓦尔德在《理清商业模式:这个概念的起源、现状和未来》一文中认为,商业模式是一种包含了一系列要素及其关系的概念性工具,用于阐明某个特定实体的商业逻辑。它描述了公司所能为客户提供的价值以及公司的内部结构、合作伙伴网络和关系资本等用以实现(创造、营销和交付)这一价值并产生可持续、可营利性的收入的要素。

奥斯瓦尔德认为商业模式就是解释企业提供给细分客户的价值,以及企业和它所在的伙伴关系网络创造、营销、传递这种价值和关系资本以获得有利的、稳健的收入来源的体系。

科索恩认为商业模式客观上体现企业与客户、供应商、合作者及其他股东之间结构性的且相互依存的业务关系，同时也反映了企业内部单元或部门之间的关系；显示企业如何处理并且解释企业与其所处环境之间的关系。

商业模式的概念需从以下几个方面把握：

（1）商业模式是逻辑结构，而不具体指某一方面。商业模式是企业进行价值创造和实现利润的载体，是一个内在的整体，它贯穿于产生价值的整个商业活动中。

（2）商业模式通过各个相关要素之间的相互作用来完成整个商业活动，进而获得盈利。企业经营涉及方方面面的关系，具体分为企业内部的关系和企业外部的关系。企业内部主要是包括企业家、企业股东及企业员工等；企业外部则是包括消费者、企业的供应商及相关的合作伙伴等。商业模式按照一定逻辑关系将内部及外部关系的相关元素贯穿起来，通过各个要素关系的相互联系相互作用来营利。

（3）商业模式具有稳定性，但又是缓慢地不断调整不断变化的；大家都知道市场是在不断进步完善的，当企业拥有了合适自己的稳定的商业模式后，要根据所处环境的不同而不断完善。在商业活动的过程中，企业的要素关系是不断发生变化的，如企业客户关系的变动和新的商机的发现等，这就要求企业随时调整其具体运营策略，以保证持续的营利，因此，商业模式创新又是永恒的。

（4）商业模式以实现企业价值获得利润为核心。企业价值的实现是一个系统过程，包括消费者、产品和服务、业务运作、宣传、销售和沟通等。企业必须处理好每个过程的各部分的关系，才能获取最大利润。

（5）企业发展离不开各利益相关者的支持，只有为各利益相关者创造相应的价值，企业才能实现自身价值。商业模式能够确保商业活动中各利益相关者以及企业自身都实现其相应的价值。

商业模型作为企业成功的关键和基础应具备6项职能：预测企业的价值定位；能够细分客户市场；明确企业价值链的结构；分析利润收入的生成机制；描述企业在价值链中的位置；形成企业的竞争优势。总而言之，商业模型可以帮助我们分析和研究构成现有的或未来的商业活动的各个组成部分，进而指导使用相关的战略手段将各个部分活动串联起来，适应整个市场环境的变化，从而达到可持续发展,长期获得利润的目的。

第二节 商业模型的构建方法

目前商业模型的构建方法主要有五类。

一、商务蓝图法（FBBM）

FBBM（Freeband Business Blueprint Method）是由荷兰的国家研究项目开发而来的,是基于现有的移动通信服务商业模式开发中存在的困难,通过对困难的对策及大量的案例研究得出的。在FBBM模型中由多种元素组成,可分为四个维度:服务维、技术维、组织维、财务维。其中服务维表明组织要提供的服务的概念、市场细分及企业的价值定位;技术维体现了实现完成价值定位所需的技术功能和结构;组织维是对企业组织之间传递价值目标的相关合作协议和利益网络;财务维就是在此商业活动中各相关组织之间关于如何分配资金、收入和风险的协议。商业模型为企业和消费者提供的价值决定了它的被接受程度。FBBM构建方法定义了为企业和消费者创造价值的关键成功因素和重要设计因素。

它主要分为三个步骤:一是大概掌握关于服务、能力、组织和财务管理的基本概念,画出粗略图;二是基于以上重要因素对商业模型图进行评估,确定哪个因素的价值定位对目标消费群体有吸引力,哪些是不需要的,这样就可以对商业模式进行完善调整;三是完成商业模型的修改完善。通过对实际情况的掌握对模型进行优化。此方法是帮助多个组织在一起协调工作的开发工具,用于开发和创新移动通信服务,主要是将营销、技术、财务和组织四个核心要素组织到了一起,进而使商业模式中的各部分合作运转起来,明确为产品生产者和消费者创造价值的关键要素和重要设计要素,用于探索和经营各种思想和观念,一般适用于商业创新的早期阶段。

二、商业模式本体（BMO）

BMO（Business Model Ontology）是来源于管理科学与信息系统的研究，它主要包括组织、服务、消费者和财务四个概念，各组成部分及其相互之间的关系如图 7-1 所示。通过对企业几大要素及其相互之间关系的表达，描述了企业向谁提供了哪些价值，企业的结构与合作者之间的关系网络，如何销售产品、分销渠道和财务关系等。

在 BMO 建模方法中主要涵盖企业自身的价值结构、价值定位及企业的合作伙伴之间的价值关系等，但它主要是从企业的角度，概念化地来描述企业的商业活动和资本运作的流程。它是基于 XML 描述语言，来获得和储存商业模型，可以从不同的角度来观察企业的商业模型。

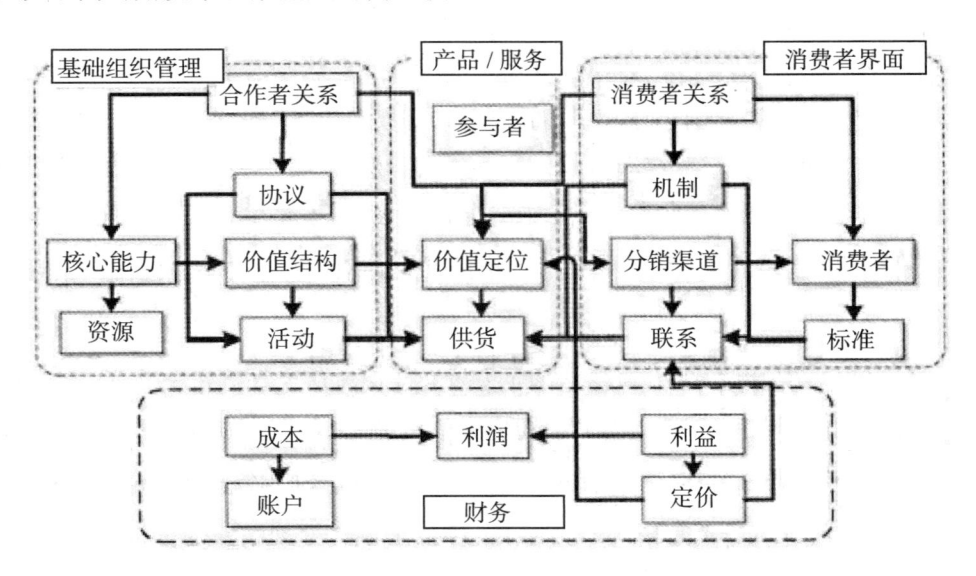

图 7-1　BMO 商业模型图

三、e^3-value 本体法

e^3-value 是荷兰学者提出的从企业价值观点出发来描述分析商业模式体系结构的方法。它是通过可视化的价值网建模的工具建立参考模型，清楚地描述

企业价值的创造和传递。该模型的主要目的是描述谁向谁提供什么，希望得到什么回报。在价值模型的构建、明确价值的符合条件及数目关系的基础上，利用 e^3-value 软件工具，按照根据实际情况或者条件允许的情况下设定变量对模型进行仿真运算，即可获得输入相关数据的相应的收益结果表，可再从得到的数值来证实商业模式的可盈利性，这样可以帮助企业寻找更加合适的商业模式。

其主要的建模要素为：

表 7-1　e^3-value 建模要素及含义

建模要素	含义
参与者	在商业环境中参与商业活动的各个经济实体，例如企业、消费者、合作伙伴、政府等一切利益相关者
价值对象	商业活动中的参与者之间交换的东西，如产品、服务及金钱等
价值端口	每个参与者在商业活动中扮演传递价值对象的端口、价值端口连续商业活动的两个角色，产生价值的交换
价值交换	商业活动中参与者在价值端口之间的交易
价值界面	每个角色可以有一个或多个价值界面，即价值端口的集合
市场群体	具有相同价值取向和价值界面的参与者所组成的集合
价值活动	参与者在商业模型中进行价值交换以及价值创造等产生的活动

在 e^3-value 中，商业模型是将企业和消费者结合在一起，共同创造、营销分配和消费经济价值链的产出。它关注于企业网络，而不是单一的企业，在企业间建立起新的合作关系和系统来为消费者创造价值，网络是这一过程得以实现的平台。

e^3-value 方法的实施主要涉及两个方面：首先是在计算机科学方面，计算机科学的相关模型为 e^3-value 提供了构建方法的相关界面，运用相关程序将设定的商业模型展现出来；其次是管理科学方面，此方法利用管理科学中的相关术语，如价值链、价值论及营销等。e^3-value 提供了一组模型的开发工具，包括商业的可视化模块、模块检测以及产生财政数据表的工具等。

四、组建商业模式法（CBM）

CBM（Component Business Model）是 IBM 商业价值研究所开发的商业模型研究工具，主要基于以下的理论研究：企业外部条件的专业程度影响企业之间甚至是竞争者之间的合作交流及网络和渠道的交互，从根本上改变了整个行业的生态环境,进一步利用相关服务和解决方案加深与消费者的关系。企业内部条件的专业化是其发展的最终阶段,也就是其最理想的状态;企业的经营像是一系列与其他公司内部相互作用的离散的、模型化的。商业组件是构建商业模型的基础模块,用于一般商业活动的组织,包括进程管理、信息管理、组织结构及执行规则等基本形式,每一个组件有定义好的界面,并服务于特定的目的。

商业组件是构建特色化企业商业模型的模块。每个组件的商业目的是组件在商业模式中存在的原因,根据其给予的价值来定义;组件之间相互作用相互活动来实现商业目的;每个组件都是独立的,都有维持自身活动的资源,也都依据自己的管理模式;作为一个标准的商业,每个组件都提供、接受相关服务。

CBM 构建企业商业模式的基本步骤如图 7-2 所示:

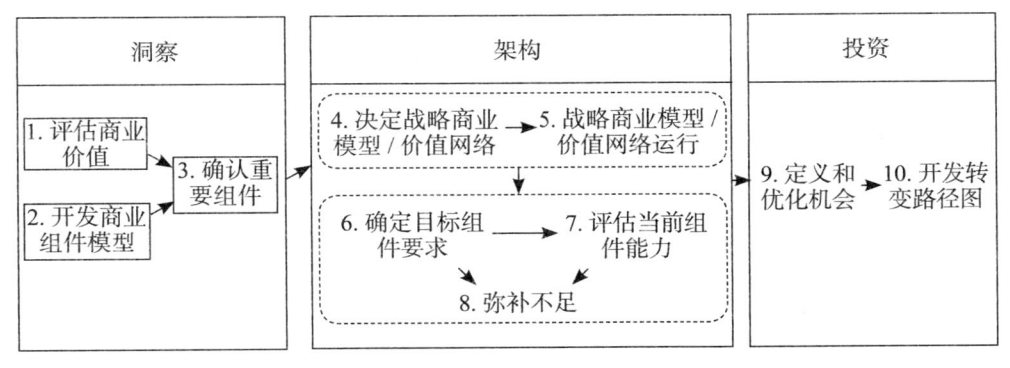

图 7-2 CBM 建模过程

五、I' 分析法

埃里克·余(1995)提出了一种基于目标的 I' 模拟方法,主要用于讲述网络参与者的利益和价值目标,以及实现其参与者的目标的方法。这种理论框架主要体现在以下两个方面:一是对于参与者进行可视化的仿真模拟,并指出各个参与者之间如何相互依存,以及处理他们之间的利益关系来实现各自的目标的其他可选择的方法;二是它可以分析什么样的方案能够满足参与者来实现其目标实现,即作为一种评价技术。这样可以帮助企业制定战略决策,从中选择最佳方案。

这种方法的核心是战略参与者,以及他们是怎样相互依赖来实现各自的目标。战略参与者寻求对他们自己最有利的依赖关系。战略依赖模型可以反映其中的依赖性,战略分析通过对各个参与者内部的利益的分析来更加详细地分析战略依赖模型。

表 7-2　I' 的模型要素及含义

建模要素	含义
机构	具有某项具体能力的行为者
角色	参与者在某种环境下的责任和行为特征的抽象化概括
目标	参与者想实现某种实践的陈述
任务	参与者或者某个角色实施的具体的活动
软目标	一种非量化的特征,没有对成功很清晰的标准
资源	有相关的领域内可获取的物理的或者信息性质的实体
依赖资源	依靠参与者的资源以有效的方式通过其他参与者来实现其目标
任务分解链接	一个"和"的概念,它定义了任务和目标的子要素,这些子要素可以是其他的任务、目标或软目标等
方式—目的链接	一个"或者"的概念,如果各个连接方式中某一个连接实现了,那主要的任务或者目标也就实现了

六、不同商业模式建模方法的比较

FBBM、BMO、e^3-value、CBM、I' 这五种商业模式的构建方法都有自己的特点,从各种建模方法的理论支持、适用的领域以及提供的工具等方面来做出比较,e^3-vlaue、FBBM、I' 这三种方法都是基于价值创造或价值网络来构建商业模型的,是从不同的视角呈现同一问题,均是属于基于价值本体论。e^3-value 主要通过价值网来构建参与者的依赖关系,比较注重于企业价值;FBBM 更加注重价值的最大化;I' 则是通过目标网来构建参与者的依赖关系。其中 e^3-vlaue、I' 中的建模要素可以相互对应体现出来。

BMO 方法和 CBM 方法这两种商业模型的建立都是以企业为中心,BMO 方法的重点是企业价值创造的过程,而 CBM 方法注重的是对企业各部分和整体运营业务的改善提高。另外 e^3-value、BMO 和 CBM 适用于服务行业的相关企业的商业模型的建立,FBBM 方法则比较适合某个行业的商业模式的建立,如发展初期的信息通信服务行业商业模型的建立,其中 BMO 和 e^3-value 两个建模方法的目的都是要更好地理解、管理和分析商业模型的能力,它们关于商务模型领域知识的探求和表述都使用了原型技术,且都提供了相应的建模语言和工具。e^3-value 在提供标准化建模语言的基础上,提供了模拟研究的工具和相关的检验方法,BMO 和 e^3-value 有更强的操作性和技术支持。

经过对五种建模方法的分析，根据它们的不同特点和所适用的行业，由于数字文化资源的特殊性，既需要注重产业的价值也需要注重于文化资源所给社会带来的价值，所以对于数字文化资源的商业模式的构建方法，本书采用 BMO 和 e^3–value 两种方法的结合，将商业模型中的要素转换成适合数字文化资源的商业要素。

第三节　数字文化产业的商业模式要素

目前商业模式一般主要包括四个方面：客户、提供物、基础设施和财务生存能力。商业模式可以通过文化产业组织内部结构、运营流程以及整个组织的系统串联来实现。

数字文化产业的商业模式就是指在市场经济中，相关文化企业在明确其外部环境及内部条件的情况下，如何创造价值、传递价值和获得价值的基本原理。根据上面介绍的商业模式的构建方法构建出数字文化资源产业的商业模式。

根据表 7–3 可以看出数字文化产业的商业模型一般由价值主张、目标客户、关键能力、核心资源、沟通渠道、重要合作、版权制度和资本运作这几个关键要素组成，各要素之间相辅相成，缺一不可。

表 7–3　数字文化产业模式要素及其含义

要素	含义
价值主张	产业企业给客户及社会所带来的所有收益，产生的价值包括经济价值和社会价值
核心资源	企业内部拥有的资源，以及商业高校运作时所需的重要因素，包括人才资源和文化资源等
关键能力	企业内部资源，即其所拥有的文化资源数字化技术以及基础设施
沟通渠道	企业将所生产的数字化产品以及相关服务等价值观传递、传播给消费者的方式以及途径渠道
重要合作	企业与相同产业及不同产业、政府、合作伙伴的关系网络
目标客户	将消费者资源及市场细分，确定适合企业产品，满足消费意愿的目标客户
版权制度（数字化）	文化企业的知识产权，指文学、艺术等作品享有的权利的相关制度
资本运作	描述整个企业的正常运转的资本运作情况，包括成本结构、收入来源、定价方式三部分

第一，价值主张，价值包括经济价值和社会价值两部分。经济价值指的是文化产业通过其企业内部资源或创意所衍生的文化产品和服务提供给消费者或团体所带来的价值，产生的经济效益；社会价值指的是文化产业不同于其他产业的特殊性，即文化价值性，在为消费者提供文化产品的同时也将文化的精神及价值属性传递给了消费者，提高消费者的文化价值观，随后对整个社会所带来的价值。也就是说，文化产业的价值主张受其经济价值和社会价值的共同作用，既要追求经济的最大化，也要追求社会价值的最大化。文化产业有满足人民群众日益增长的精神文化需求、传承和弘扬中华民族先进文化的艰巨任务。

第二，核心资源。核心资源包括企业所拥有的文化资源和人才资源。文化资源和人才资源都是文化产业商业模式以及发展文化不可缺少的部分。文化资源是文化产业可持续发展的赖以生存的重要保证和根基。按其性质可以分为物质文化资源和非物质文化资源。按文化的成因、形态和作用也就是文化本身的属性来说可以分为自然文化资源、传统文化资源、智力文化资源、资本与信息文化资源等。这些资源有的是历史遗留下来的，有的是经过创意改造、利用的。所以要合理利用和配置文化资源。发展文化产业过程中特别需要注重具有唯一性的资源。

人才资源又包括技术人才、商业人才、文化创意人才、管理人才。技术人才拥有将文化产业与当代高新技术紧密结合的能力，能够打破传统的文化体现形式，以全新的文化面貌提供给消费者；商业人才则是将所有商业模式要素全部高效调动起来的关键，直接体现且决定整个企业的经济价值的产生，商业人才是整个商业活动中不可或缺的，它是整个文化产业的链条中的宣传队和播种机；文化创意人才要求具备对当前文化产品在尊重知识产权的前提下发挥创意能力，他们以自主知识产权为核心，以智力服务为特征，以某些专业或特殊技能为手段，能够拥有将抽象的文化转化成具有经济价值的文化产品的能力。文化创意人才的创意一般都是源于个人的创新能力，将创新能力应用于传统文化以及文化艺术的结合，进行二次开发，利于文化的传播。对于文化产业这一特殊产业，要求所有的人员均有对文化艺术产品本身所包含的含义的理解，了解大众文化审美取向。由此可以看出，需要注重文化人才的培养：①加强文学艺术涵养，有利于逻辑思维能力、审美能力和道德素质的提高。②注重文化创意策划能力,大胆创新是由文化和艺术的本质属性决定的。创新要符合现实国情,贴近实际、贴近生活、贴近群众。③重视市场经营能力,经营能力是企业生存之本。在目前如此激烈的市场环境下,要保证持续的市场经营能力,要找出与其他企业的差距,并就相关问题提出解决方案,制定实施步骤。④要有一定的企业管理能力,管理人才是企业高效有序运行的关键保证。总之文化人才是实现文化价值传播、育化、引领作用,发挥其意识形态功能的关键;是文化事业服务、文化产业生产的生力军,也是文化体制改革的组织者和实施者。

第三,关键能力。关键能力指的是文化产业企业内部所拥有的确保企业能够正常运行的能力,包括将文化资源数字化的相关技术和企业内部的基础设施。关键能力与核心资源是相辅相成的,关键能力为核心资源提供运作的物质基础,而核心资源是关键能力发挥作用的重要保障。

例如现在很多展览会、体验馆等,都采用虚拟现实、3D打印、3D影院、增强现实、动漫体验等高科技项目,能够让参观者身临其境,通过高保真的数字化效果来感受一些项目的内涵。在中国(深圳)国际文化产业博览交易会上,敦煌研究院利用3D技术,经过图像处理等技术将敦煌石窟的图像以立体的形式展现在参观者面前,这种做法不仅可以让没有到实地参观的游客也能够感受到石窟的宏伟景象,同时也为敦煌保留了珍贵的数字影像资料。现在的高新技术让观众在虚拟体验中感受文化城市的发展理念,越来越多的科技和文化融合的产品出现在大众生活中,涉及很多领域,可以看出科技正在对文化推动和发展起到保驾护航的作用,也就很大程度上体现了人才资源以及关键技术对于发展文化产业的重要性。

第四,沟通渠道。沟通渠道是指企业将所生产的数字化产品、相关服务等价值观传递、传播给消费者的方式以及途径渠道,也是文化企业实现其经济价值与社会价值统一的途径。对文化企业来说,沟通渠道有重要的意义:

(1)可以提升消费者对其文化产品和服务的认识,更加了解消费者的需求,对商品及服务策略及时做出调整;

(2)能够更好地传递文化企业的价值主张,有利于文化的传播;

（3）有利于客户评估其价值主张；

（4）能快速地提供售后客户支持。

随着信息科学技术的快速发展，传播渠道也越来越多，这样众多传播途径得以在产品与服务之间建立起多样化的渠道，消费者能够利用多种渠道来获得需要的文化产品和服务的同时也向社会传播文化的社会价值。

第五，重要合作。重要合作指的是企业与相同产业及不同产业、政府等合作伙伴的关系网络。文化产业链的运行需要的关系网络是与相同企业合作，与其他产业进行跨产业合作以及政府相关政策的监督和支持，具有紧密性、复杂性。相同产业之间的紧密合作能够形成文化互补、技术互补、资源互补的形式，各自发挥优势，更好地促进文化产业的发展。跨产业合作能够为对方的产业链中增添新鲜元素，对文化产业而言，不仅为文化创意提供更加广阔的平台，也可以满足消费者多样化的需求。由于文化产业是一个特殊的产业，政府对于文化的若干政策对文化产业有重大意义，也决定了政府干预、监督的必要性。

第六，目标客户。目标客户是指将消费者资源及市场细分，确定适合企业产品、满足消费意愿的目标客户。随着消费者日益增长的物质文化需求，不同的消费者有不同的文化需求。文化企业需要将不同层次需求的消费者对应的市场细分，寻找不同的目标客户，文化企业要有自己的目标消费群体，应该懂得自己是在为什么样的消费者服务，产品是对应什么样的消费者？文化消费是一种高端的精神性消费，不同人有不同的需求，不能企图把文化产品和服务看成是人人适应的万金油。主要有以下几种途径，不同的客户群体需要提供不同的文化产品和服务来满足其需求；目标群体需要通过不同的宣传渠道来接触；不同的消费者需要不同宣传手段和营销方式，也有不同的消费能力方式；客户群体愿意为文化产品和服务的不同方面付费。文化企业寻找目标客户对于商业的正常运作有很大的意义，找到对文化企业产品具有支付意愿的消费者，了解重要的消费者，深刻了解其需求，根据不同的需求设计商业模式，产生不同的运营机制。

第七，数字化的版权制度。这是指文化企业的知识产权，以及文学、艺术等作品享有的权利的相关制度。知识产权通常是国家赋予创造者对其智力成果在一定时期内享有的专有权或独占权，是指人们就其智力劳动成果所依法享有的专有权利。知识产权从本质上说是一种无形财产权，它的客体是智力成果或者知识产品，是一种无形财产或者一种没有形体的精神财富，是创造性的智力劳动所创造的劳动成果。它受到国家法律的保护，具有价值和使用价值。文化产业是一种知识经济，重视知识、智力和创造力的投入。由于数字化的特点，易于复制传播，版权制度必须完善。文化资源的差异性与权威性是产生文化经济的最主要的制胜点，版权资产是文化产品与服务的价值载体，是文化经济化、产业化的关键要素。对文化产业而言，建立和完善版权制度有利于作品的创造与保护，有利于作品的传播与使用，对于完善文化产业政策，加强文化市场建设和管理，推动有关文化产业发展具有重大而深远的意义。

第八，资本运作。资本运作是描述整个企业的正常运转的资本运作情况，包括成本结构、收入来源、定价方式三个方面。文化产业作为一种产业，也需要资金支持。成本结构指的是文化企业在设计好的商业模型下运行所需要的基本成本，包括设备消耗、人员薪资、其他基础消耗。对数字文化资源而言，最主要的则是数字化的成本，这个成本根据文化资源数字化后的表现形式来决定，例如文本、图片、音频、视频、3D 模型等，不同的表现形式会产生不同的数字化成本，同时也要依据文化资源本身的情况而定。收入来源是指文化企业在整个商业模式运行过程中产生的现金流，可以从消费者个体或者群体中获得。文化企业可以从目标客户中寻找一个或多个收入来源。更重要的一点是文化企业要考虑可持续发展，不能为了短期的利益而生产一些低俗的文化产品和服务投入到文化市场中。定价方式是指文化企业为生产出的数字文化产品考虑其各方面因素构架的数字文化资源价值评估体系，来帮助定价。

以上文化产业商业模型中的各个要素之间是相互影响、相互作用的，同样的价值主张可以是不一样的重要合作形成的，一样的资本运作有不一样的定价方式，相同的重要合作可以有不同的渠道通路、不同的关键能力等。改变任何一个要素就会形成不同的商业模式，商业模式要不断地随着市场的竞争环境以及企业的内部优势条件、行业动态来改变完善。就现状来分析，中国当前的文化产业正存在要素不完备的状况，很多相关要素的细节概况并没有完善详细地落实，通过仔细研究文化产业商业模式可以解决相关问题。

第八章　我国文化产业提质增效的路径

第一节　构建文化产业创新生态系统

一、构建文化产业创新生态系统的理论依据

（一）产业创新生态系统理论

自从约瑟夫·熊彼特（Joseph Schumpeter）首次把"创新"概念纳入经济学的范畴以来，正如欧盟在其发布的《开放式创新2.0》中所提出的那样，创新范式已经从封闭式、内向型创新的线性范式，历经开放式、协同性创新的创新体系，开始进入系统性、网络化创新的创新生态系统的阶段。创新生态系统的概念，于2004年在美国总统科技顾问委员会的研究报告《维护国家的创新生态体系、信息技术制造和竞争力》中首次提出。报告认为，国家的技术和创新领导地位取决于有活力的、动态的"创新生态系统"，而非机械的终端对终端的过程。之后不同的学者和机构提出了各种关于创新生态体系内涵的阐释。但总体来看，各种观点基本一致，即所谓创新生态系统，主要是指一种"将系统中各个企业的创新成果整合成一套协调一致、面向客户的解决方案"的"协同整合机制"，是一个由创新主体、创新服务、创新环境等要素组成的动态性开放系统，具有互利共生演化的核心特征。

至于产业创新生态系统，国内学者认为，"是指一个区域内或者跨区域的某

个产业在相关物质条件和文化环境下,各种创新群落之间以及与创新环境之间,通过知识传播、技术扩散、信息循环,形成具有自适应与修复、学习与发展功能的开放复杂大系统"。并据此构建了产业创新生态系统的整体模型。如图8-1所示,该系统可分为三个子系统:创新群落子系统、内部环境子系统和外部环境子系统。从其中的创新群落子系统可以看出,一个产业的创新生态链主要由三个创新主体及其行为来构成:创新生产者(高校、科研院所等)承担创新技术相关知识的发明;创新分解者(中介、行业协会等)进行创新技术和知识的产品化转换、转移;创新消费者(一般指大型公司)则依靠创新生产者的创新成果得以生存。当然,这条创新生态链必须与物质环境和人文环境有机融合才有可能实现其应有的功能。不可否认,该模型基本反映了一般产业建构创新生态环境的基本要素、结构和机制,但并不十分契合文化产业自身所独有的"文化"特殊性。

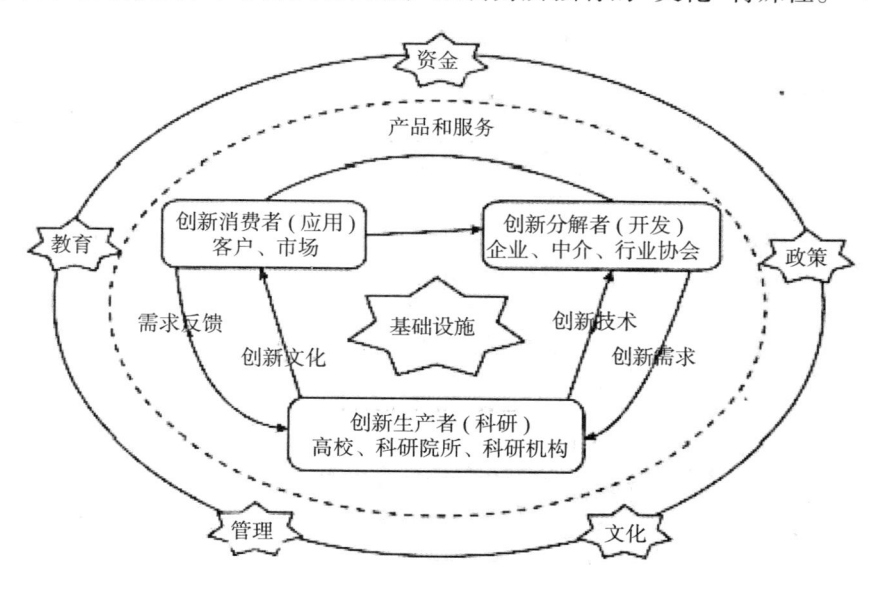

图8-1 产业创新生态系统的整体模型

(二)文化生产组织理论

对于文化产业的创新生态或格局,美国著名文化社会学家戴安娜·克兰在其著作《文化生产:媒体与都市艺术》中有过论述。在书中她描述了三种不同的文化生产组织及其关系:第一种是"支配着核心领域"的"向全国和各国受众广泛传播文化的联合大企业",如电视、电影、重要报纸等,也称核心媒体;第二种是"支配边缘领域"的"诸如广播网、唱片公司以及杂志和图书出版社这类组织",常称为"边缘媒体";第三种是"在都市背景下生产,并广泛传播给地方观众"的"都市文化"。其中,核心媒体的文化生产面向"大众受众",属于社会的核心文化或大众文化;边缘媒体主要针对年龄和生活方式各异的亚群体,常表现为社会的亚文化;都市文化吸引少量受众,其文化产品通常是亚文化或艺术世界的组成部分,是新思想、新文化的源泉。三个文化领域之间存在着高度共生演化的关系,本书将这种关系用图绘制出来(如图 8-2 所示),核心媒体领域的大众文化占据着中心位置,支配着整个社会文化系统的趋势,"在核心媒体领域的边界,存在高度的喧哗声,这是大量的文化个体和组织争相进入核心领域的活动的集中体现"。其间,都市文化中先锋派的策略被吸收到边缘媒体中,再由边缘媒体转至核心媒体,直到不再令消费者感到"震撼",被挤出核心媒体。这个范围里的激烈竞争加快了文化循环和文化变迁的速度。

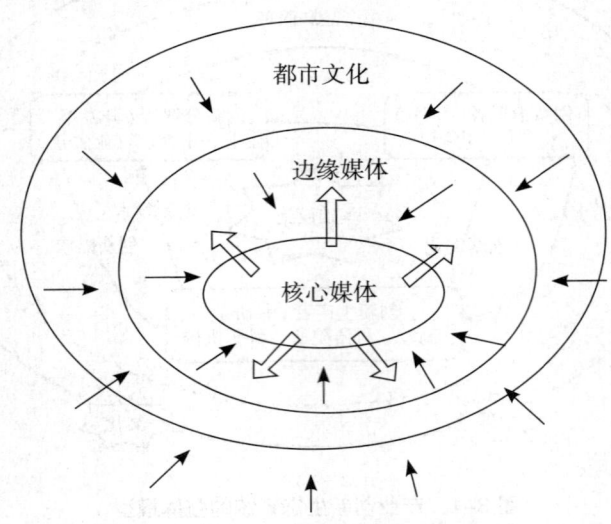

图 8-2 三个文化领域之间的关系

从戴安娜·克兰的阐述中可以看出,首先,三种不同的文化生产组织就是三个创新主体。它们通过各自的渠道,都直接向市场提供可供交易的文化产品,差异不过在于产品创新的程度不同、面向的市场范围有大小罢了。其次,三个创新主体之间存在密切的共生演化的关系,即都市文化中的创新一步步走向创新与商业相结合的边缘媒体文化,然后又坚定地推动着核心媒体文化的持续更新。戴安娜·克兰的观点深刻揭示了文化产业创新主体与其他产业的不同,而这种不同正是我们构建文化产业创新生态系统的重要理论基础。

二、构建文化产业创新生态系统的实践依据

文化产业在世界范围内上百年的发展历程,事实上已经在某些领域形成了自身的创新生态系统。如美国的百老汇戏剧产业,在其百老汇、外百老汇和外外百老汇的阶梯式产业布局中构成了其共生演化的主旋律。其中,外外百老汇以其99个座位及以下的小剧场,15美元左右的低票价,几乎100%的实验性、先锋性戏剧,成为百老汇戏剧产业创新的源头;外百老汇则以其中等规模的剧院、30美元左右的适中票价、面向中产阶级的戏剧演出,成为创新性与商业性较量的角斗场。外外百老汇的戏剧人把进军外百老汇作为奋斗的目标,大演出公司把这里作为其商业剧的前期实验场;高度商业化的百老汇是外外百老汇和外百老汇及其他地域创新成果的应用者,每天上演着几十部经典的音乐剧,迎接着来自世界各地的观众。这条涵盖创新的源头、传播到应用的创新生态链,和百老汇密布的各种经纪公司、咨询机构、投资公司、演职员公会等创新服务组织,以及多年来形成的美国戏剧产业的政策、教育、文化、市场等成熟的创新环境因素,共同形成了美国百老汇戏剧产业的创新生态系统。

美国好莱坞的电影产业同样也形成了自身的创新生态系统。在20世纪80年代,美国当代独立电影兴起,根据美国电影协会的分级影片目录,从1983年到1988年发行的独立电影数量增长了50%,并且发展出了多种多样的电影类型。独立影片云集的圣丹斯电影节被称作推动独立电影发展的"发动机"。20世纪80年代独立电影的繁荣,带来了90年代好莱坞式独立电影的兴盛。因为随着独立电影在观众中受欢迎程度的增加,一向以利润至上的大制片厂纷纷采取行动,吸收那些游离于体制之外的独立电影公司和有才华的电影人。没有收购到独立电影公司的制片厂则纷纷组建自己的子公司,作为专门生产独立电影的分部,如索尼的"索尼经典影片公司"等。与此同时,曾拍出过著名独立影片《性、谎言和

录像带》《血迷宫》等的索德伯格、科恩兄弟等,都踏入好莱坞成了制作好莱坞式独立电影的中坚力量。大制片厂的收编,使独立电影的艺术性、独立性与商业性、主流化相混融,生成了具有艺术个性的商业片——有学者使用"特色电影"(specialty)或"分众电影"(niche)来称呼它。当然,大制片厂所制作的好莱坞商业片依然兴盛,并且由于吸收了来自独立电影的创新性影片和人才资源而变得更加具有活力。独立电影不竭的创新哺育了特色电影,特色电影滋养了高度商业化的电影,这种由独立电影、特色电影和好莱坞电影所共同构成的电影创新生态链,和好莱坞发达的创新服务体系、良好的创新环境,共同形成了美国电影产业的创新生态系统。

美国戏剧和电影产业展现出的是一种基于文化创意的生态创新系统,与基于高新科学技术创新的美国硅谷创新生态系统有所不同。一种新的科学技术从实验室产生、具有了量化生产的可能性之后,企业只需保护好知识产权,在适当的市场条件下,像一般的优秀企业那样经营,就可能产生一个大企业,导致产业的大变革甚至诞生一种新的产业;而一个新的文化创意的出现往往只能造就一个新的文化产品,即使一个文化产品再畅销,如果不同时辅之以科学技术等其他方面的创新,也难以支撑起一个大企业的产生,对于产业的改变作用就更小了。因而文化产业的创意带来的更多是产品的创新,文化产业的生态创新系统是保障更具创意的、高质量的文化产品更多涌现的体系与机制。

第二节 文化产业的创新生态系统模型

从上述理论与实践依据可以看出,文化产业的创新生态系统既具有与一般产业或区域创新生态系统相融通的共性,也表现出其独有的特殊性。共性表现在文化产业同其他产业一样都是一个由创新主体、创新服务、创新环境等要素组成的动态性开放系统,具有共生演化的核心特征;而特殊性则使其形成了自身独有的创新生态系统。文化产业创新生态系统的主体结构由以实线画成的三个链环组成,其中最内层的链环盘踞着各种创新主体,中间层的链环分布着创新服务组织，最外层的链环显示着创新环境。这三个链环所代表的要素及其之间的互利共生的循环演化活动，就构成了文化产业的创新生态系统模型。

一、文化产业创新生态系统的构成要素

（一）文化产业创新主体

文化产业创新生态系统的核心是创新主体。所谓创新主体，是指具有创新能力、创新目标并付诸实践的人或社会组织。在工业文明时代，熊彼特认为创新的主体是企业家。但随着经济发展方式的转变，尤其是互联网时代的到来，今天的创新主体已经日益多元化了。文化产业是当下世界的新兴产业，最能集中体现创新主体的多元化特征。其创新主体中的大多数是各类大中小微企业，但也有为数不少的非营利机构、团队和企业家、艺术家等个体。本书按照创新程度的差异，把它们归为三类：创新生产者、创新分解者和创新消费者。

1.创新生产者。创新生产者是文化产业创新主体中创新性最强的中小微型企业、团队和个人，是"创新主体中的主体"。它们绝大多数是非营利性的生产者，生产像外外百老汇戏剧、美国独立电影等创意新颖、独立意识鲜明的原创产品。这些产品往往通过艺术院线等都市渠道进入小众市场，完成其产业链。

2.创新分解者。创新分解者是指将创意性与商业性结合良好的企业或团队，它们是生产像美国外百老汇戏剧和好莱坞式独立电影等特色产品的创新主体，往往通过行业渠道占领各种分众市场，形成自身完整的产业链。

3.创新消费者。创新消费者通常借鉴或应用创新生产者或创新分解者的创新成果，来生产像百老汇音乐剧、好莱坞高概念电影等高度商业化产品。它们往往是大型企业，通过实力雄厚的主流发行渠道将其文化产品推向大众市场，并不断围绕产品进行衍生产品的开发，价值链往往较长。

三类创新主体之间应该具有密切合作的互利共赢关系。创新生产者自觉、自由的创意为创新分解者和分解应用者提供源源不断的创新产品和人才；创新消费者为了检验观众对创新的反响和探测观众审美趣味的走向，利用自身的优势扶持业绩好的独立电影公司、具有成功潜质的独立电影项目和创作者等创新

生产者；创新分解者为了滋养和壮大自己，一方面对创新生产者的创意进行商业试水，另一方面又利用创新消费者的投资对创新进行商业实验。它们分工协作，既相互汲取又相互支持，既相互依赖又相互竞争，形成了紧密交叉、双向运动的文化产业创新网络。这个网络正是文化产业的创新生态链。

（二）文化产业的创新服务

紧密围绕在文化产业创新生态链周边的是文化产业创新服务链。所谓创新服务，是指为文化产业创新生态链提供各种服务的配套或中介组织。这些组织通常包括文艺演出经纪、版权代理、文化产权交易、文化拍卖组织等交易型服务组织，技术咨询、资产评估、信用担保等准则型服务组织，以及民间社团、行业协会等管理型服务组织。这些组织能汇聚各种创新政策、信息和资源等，在创新主体之间、创新主体与市场之间，促进创新成果的产生、转移、扩散和反馈，实现创新在产业内的传播。创新服务在文化产业创新生态系统中主要起着催化剂和黏合剂的作用。

（三）文化产业的创新环境

能够使文化产业创新生态链、创新服务链真正运转起来、发挥作用的其实是创新环境。创新环境是指创新活动所依赖的各种外在条件的总和，是创新活动赖以生存的土壤。这些外在条件既包括像公共设施、产业园区等物质条件，也包括如政策、科技、资本、教育、文化、管理等人文条件。尤其是后者，会直接关系到文化创新生态系统的形成。因为对文化产业的创新发展来说，适宜的政策能够提供有力支持和保障，人才培养能够提供强大的人力支撑，文化积淀能提供丰富的文化资源并且营造出适合创新发展的氛围，科学技术能够创造新的文化样式甚至催生新的产业形态，资本是创新启动和不断升级的动力源泉，优秀的管理则是创新生态系统能良性运行的依靠。

二、文化产业创新生态系统的循环共生机制

文化产业创新生态系统中的三大要素、三个链环之间存在着循环运动。这

种运动可分为三种方式:首先是内向式运动,即创新环境、创新服务会施加其力量给予创新主体,促进系统的核心——创新主体的创新活动发生和发展;其次是外向式运动,即各种创新主体的创新成果不断外溢,带来文化市场的变化,进而影响到创新服务与创新环境的变化;最后是双向式运动,即各创新主体之间及其所从属的文化产品、发行渠道和市场之间都存在着相互影响、相辅相成的作用。而在这三种运动方式中,都体现出了相互流动、交换、适应与调节的循环运动的特点。正是这种循环运动,使系统内的各个因素既分工又协作,成为一个以"创意为王"、多样共生、相互促进、共同发展的系统性的有机整体。同时正是这种整体系统,使得其创新成果的价值不断扩散,延伸出文化产业越来越长的价值链。

第三节 我国文化产业创新生态系统建设现状

近年来,随着文化产业的快速发展和"互联网+文化产业"的融合,文化产业的发展格局呈现出了一些前所未有的新变化。

一、创新主体走向分化,但创新生产者群落尚未形成

我国传统文化产业较长一段时间内并不存在三种创新主体的划分,亦即无论大中小型企业一律从创新应用者的角度来生产文化产品。如电影产业在其发展过程中,大型公司与各种电影工作室一样,几乎都在拼尽全力地制作叫座的影片。它们之间少有分工协作,更多的是"红海"市场里残酷的同质化竞争。戏剧产业也是如此,大、小剧场都在做商业化戏剧演出,小剧场戏剧甚至比大剧场戏剧更加冲在市场拼杀的第一线。没有创新生产者的创新探索,没有创新开发者的创新和商业实验,其结果必然是产业发展的乏力。令人欣喜的是,近年来我国文化产业的创新主体开始出现了分工的迹象。如在影视产业领域,一些大公司开始摒弃全产业链的发展思路,越来越凸显其主营业务。在影视制作中,它们越

来越多扮演的是投资商和发行商的角色。事实上，近年来，影视剧内容制作的重任也越来越落在中小公司的肩上。这种分工，意味着我国文化产业领域里的大公司正日益沦为创新应用者，而一些中小文化企业以其优秀产品正在成为创新开发者的主力军。但是，由于艺术电影等先锋艺术作品及其创作者的冷清寥落，我国文化产业中的创新生产者群落其实尚未形成。

二、创新服务组织日益丰富，但欠缺之处仍然很多

近年来，我国文化产业的创新服务组织不仅在数量上增长迅速，而且在种类或形式上也日益丰富。如出现了文化类要素流转的综合性平台—文化产权交易所，最适合原创类文化项目的融资方式—文化众筹平台。但不可否认，我国目前的创新服务组织还远远不能满足需求。这主要表现在两个方面。一是服务组织不齐全。如对于文化产业创新生产者至关重要的无形资产评估问题，虽然国内各方探讨经年、屡有尝试，但至今仍旧缺乏科学的评估标准和权威的评估机构。再如对在文化产业创新主体中占比很高的创意人个体，一直没有一个社团类组织能够使大家的创新交流常态化、权益保障日常化。二是服务效率比较低。对我国文化产业创新主体来说，即使是已经建立起来的服务组织，也常常面临服务水平低、服务质量不稳定的问题。如文化产权交易所自诞生以来几经波折，依旧职能不明、争议不断，很难说对文化产业创新起到了多少作用。还有大量的政府或民间投融资服务平台的建立，并没有从根本上解决中小文化企业的融资难问题。因而，建立并完善我国的文化产业创新服务体系，还任重而道远。

三、创新环境改善明显，但仍面临许多问题

近年来，国家创新驱动发展战略的实施、"大众创业，万众创新"活动的开展，以及多种政策文件的发布，大幅改善了文化产业的创新环境。第一，从政策方面大大推动了国内创新环境的建设进程。第二，科技的进步和互联网时代的来临，极大地激发了大众的创造性和表达欲望，各种创意、创新随时随地都可以以多样的表现形式通过网络传达出来，加快了相关信息的传播、交流与碰撞。第三，科

技、文化、人才体制机制的深化改革,大幅度解放了创新的生产力,使更多的人才和企业成为真正的市场主体和创新主体。第四,各类资本纷纷进驻文化产业,资本的血液已经使文化产业积累了强劲的发展动力。第五,电影产业促进法和公共文化服务保障法等的颁布,显示我国文化产业相关立法工作有了很大的进步。同时,国家的版权保护行动取得了令人瞩目的成效。第六,国家推行的教育改革和创新人才培养方向的确定,使人才培养的质量不断提高,为文化产业的创新提供了强大的人力资源保障。还有国家对传统文化的弘扬与保护,对现代文化的重视,使全社会的文化氛围得到了极大的改善。与这些软环境因素的发展相适应,我国各种文化设施、众创空间、公共文化服务等硬环境因素也得到了空前的发展。我国文化产业的创新环境经过十多年的发展已经为其未来的腾飞打下了良好的基础。

但是,环境的营造是一个长期的过程,不是某些短期行为就能一蹴而就的。我国文化产业创新环境在不断改善的同时还面临着许多问题。如由政策所主导的各类创新活动尚未完全演化成为社会常态,受逐利本能驱动蜂拥而上的资本常常使不少文化产业领域泥沙俱下,侵权盗版行为防不胜防,而政府采取的相应的监管政策、措施的科学性与规范性还有待提升。同时,高层次文化人才的缺乏一直没有得到明显的改善,整个社会的创新文化氛围的营造还常常流于形式而未深入人心。因而文化产业创新环境的打造还需要社会各方面付出更多的努力。

四、三要素之间的共生演化机制初见成效,但还有待加强

近年来我国文化产业创新主体的分工合作现象已屡见不鲜。在这种合作中,大公司施展其资金和发行实力,小公司则以其创意和制作取胜,双方优势互补、互惠互利,一荣共荣、一损俱损,具有明显的双向共生关系。当然,目前这种合作主要还是创新应用者和创新开发者的联合制作,所生产的大都是商业化产品。国内也已经出现了创新应用者与创新生产者的合作,如一些公司都开展了针对新人的培养计划。这种计划,看上去是大公司使用自己的资源无偿扶持创新生产者,其实这种扶持对于大公司保持创新活力、储备未来创新力量具有深远的意

义。从这些新人支持计划中，可看出我国文化产业创新主体之间已经具有了一定的生态链机能，只是还很微弱。

虽然我国目前文化产业创新主体的分化还不够深入，但已经对文化产业的格局产生了明显的影响。如它使我国电影产业的垄断性大公司迟迟没有出现，反而是行业进入门槛越来越低。互联网、制造业等各种领域的企业纷至沓来，作家、编剧、演员、综艺编导等都可以拿起导筒拍摄影片，一个热门 IP 就可以撑起一个公司，一个明星工作室就能以令人咋舌的超高溢价被收购。这些变化的发生，不是因为资本的疯狂，而是因为创新主体的分化使任何一个公司或个体只要占据产业链上任何一个制高点，形成自己的核心竞争力，都有可能通过合作完成电影的制作。所以，在当下，文化公司无论大小都越来越趋于专业化，这对于我国文化产业的发展大有裨益。只是目前有太多公司并不把内容创新作为自己的核心竞争力，专业化水平又不够高，于是造成了今天人们眼中低质低效的电影产业乱象。

第四节　构建我国文化产业创新生态系统的路径

文化产业创新生态系统的复杂性，决定了其建设一定是一个长期的、系统的工程。囿于篇幅，我们在这里不再展开论述，只从建设的切入口角度阐述一下构建我国文化产业创新生态系统的路径。

一、重点培育创新生产者和开发者群落

在文化产业创新生态系统中，创新生产者是创新的源头，创意开发者是把创新付诸商业的探索者。只要促进了商业的繁荣，就能给创新应用者带来源源不断的原创文化资源及商业经验，从而带动、提升文化产品的整体质量，形成整个社会的文化繁荣。但是，由于创新生产者和一些开发者的使命在于"创新"而非营利，很难获得良好的经济收益，也不易从市场上获得所需要的各种资源。因此

政府应当在现有政策和措施的基础上,加大扶持力度,给予它们应有的发展空间。这个发展空间,一是指创新生产者和开发者应当拥有自己的资金支持体系,因为缺乏资金且融资难是创新生产者和开发者面临的最大难题,政府应当通过各种方式,帮助它们获得从事创意创新活动的必要资金;二是帮助创新生产者和开发者拥有自己的发行渠道和消费市场,因为创新生产者和开发者生产的文化产品创新性越强,消费者越少,但对于产业创新的意义越大。这些产品无法在主流院线里与那些商业大片并肩比拼,政府就应该利用自身的资源并引导社会力量,一起为它们建设一条非营利性的"艺术院线",拓展一片小众市场或分众市场。只有让它们"活"在当下,才能真正发挥其创新的产业和社会效应。

二、重点建设行业服务组织

文化产业的创新服务,是由政府、企业、行业组织等社会各个方面提供的。企业的服务出自市场需求,是以营利为目的;政府的服务最具效力,但不应施政过度;只有行业组织最适合连接各方资源为文化产业的创新生产者和开发者提供服务。这种行业组织的服务,与北京宋庄2005年成立的艺术促进会十分相似。该促进会举办宋庄艺术节展出画家的作品,开展把"原创艺术带回家"项目促进艺术家的作品的销售。同时还帮助艺术家解决工作室组建、孩子就学、房产诉讼等各种生活中的困难,甚至借钱给窘迫的艺术家维持生计。艺术促进会提供的周到服务和人性化的管理,为宋庄吸引了上千名画家,被称为"世界上最大的艺术家聚居地"。宋庄艺术促进会虽然不能算作严格的行业组织,但其服务宗旨及其工作职能、管理方式和作用,都非常值得文化产业的创新服务组织所借鉴。另外,行业组织还可以利用其广泛的社会联系、超强的协调整合能力,对接政界、学界、业界、金融机构、消费者等多方人员的智力资源,为创新生产者提供诸如创新成果的价值评估、信息咨询等多种专业化的创新服务。

三、深入营造创意创新氛围

缔造文化产业创新环境,除了在政策、教育、管理、资本、科技、法律等方面着力完善之外,还需要营造整个社会的文化创意创新氛围,以激发人们进行创意创新的激情和灵感。英国著名学者查尔斯·兰德利在其著作《创意城市》中指出,创意氛围"是一种空间概念,指的是建筑群、城市,甚至整座城市或区域,包括激发创意点子与发明的一切'软''硬'件设施"。城市中的硬件设施,主要指研究院、文化场所、交通设施等,而软件则可视为街头活动、咖啡厅文化、艺术、音乐及户外活动等。这些能够激发创意点子与发明的软硬设施,同样是文化产业创新环境的重要组成部分。因此,创新环境的营造,不仅应该包括建设更多的剧院、博物馆、美术馆、文化创意产业园区等大型文化设施,还应该包括各种有利于激发文化创意的小型实体空间,如咖啡馆、酒吧、画廊及文化特色店铺等。这些都是真正培育民众创造力、促进创意创新活动扎根生长的温床。

四、大力推动专业化公司的建设

文化产业创新生态系统共生演化机制的形成,有赖于更多专业性公司的出现。推动文化产业中的专业化公司的建设,就是"要引导公司对自己的核心业务进行提炼,并围绕其核心业务进行精耕细作,以达到产品和公司在该领域具有高度的独特性、差异性和市场认同性,即专业化"。建设专业化公司,不只是中小文化公司的选择,也是大公司的发展趋势。在好莱坞,大电影公司除了制作少量的商业大片,主要扮演独立制作影片的包装商、资金提供商、发行商角色。它们和中小独立电影公司之间维持着一个高度相互依赖的企业间运作,按照需要组合成不同的专业团队,来行使各种生产所要求的职责。而在这个过程中,无论是大公司还是小公司,都表现出高度专业化进而高度合作、互利共赢、共生演化的特点。而这个特点,又极大地保证了其电影产品的优质性,提升了其产业和企业运转的效率。这对我国当下文化产业的发展及其创新生态系统的建设来说,是具有极强的启示意义的。

建设文化产业创新生态系统无疑是一项艰巨的任务,上述措施的实施不过是一个入门级的行为。但一旦真正建成,势必将我国文化产业的创新发展乃至整个国家的创新体系建设带入一个全新的发展阶段。到那时,我国文化产品的质量一定会得到整体提升,我国的文化产业发展也将更加健康高效。

第九章　我国文化产业变革的技术因素

第一节　大数据时代的变革

过去我们有数据库，现在为什么还要搞大数据？什么是大数据？大数据和过去的不同在哪里？

当今世界正在进入大数据时代，数据的作用前所未有地凸显，成为国家竞争的前沿、企业创新的来源。大数据是以容量大、类型多、存取速度快、应用价值高为主要特征的数据集合，正快速发展为对数量巨大、来源分散、格式多样的数据进行采集、存储和关联分析，从中发现新知识、创造新价值、提升新能力的新一代互联网信息技术和服务业态。

"大数据"（Big Data）是什么？研究机构高德纳给出了定义，"大数据"是海量、高增长率和多样化的信息资产，它以新的处理模式而具有更强的决策力、洞察发现力和流程优化能力。大数据技术的战略意义不在于掌握庞大的数据信息，而在于对这些有意义的数据进行专业化处理。换言之，如果把大数据看作一种产业，那么这种产业实现盈利的关键，在于提高对数据的"加工能力"，通过"加工"实现数据的"增值"。

大数据是数据分析的前沿技术。它具有4个层面的特点，通常被概括为4个"V"——Volume（数据体量大）、Variety（数据类型繁多）、Velocity（处理速度快）、Value（价值密度低）。仔细来看，它首先表现为数据体量巨大。第一，从TB级别，跃升到PB级别。第二，数据类型纷繁多样。如购物记录、网络日志、微博微信、视频、图片、地理位置信息甚至弹幕表达等。第三、处理速度快，1秒定律，可从各种类型的数据中快速获得高价值的信息，这一点和传统的数据挖掘技术有着本质的不同。第四，只要合理利用数据并对其进行正确、准确的分析，将会带来很高的价值回报。大数据是从各种各样类型的数据中，快速获得有价值信息的能力，这就是大数据技术。

在未来的国家竞争中，最稀缺的人才是大数据分析师、大数据管理师等按照时下的命名方式，笔者将其命名为"数客"。现代人都生活在网络中，凡是鼠标所能达到的地方，大数据就能够把各种各样零散的信息通过数据的方式搜集到一起。过去作为领导，都是先听下属汇报工作，提供各种各样的资料和情况，再来做决策。现在情况不同了，大数据的收集是无因果关系的全数据搜集，更多看似没有密切关联的信息都被集中起来。目前，美国娱乐产业就以数据技术为新的营销策略，以网络为依托，搜索、联络、互动、交易，实现对目标客户的数据抓取、数据分析，测写客户特征，从而为电视台、电影公司、广告商提供最优的项目和营销方案。

大数据成为推动经济转型发展的新动力。以数据流引领技术流、物质流、资金流、人才流，将深刻影响社会分工协作的组织模式，促进生产组织方式的集约和创新。大数据成为重塑国家竞争优势的新机遇。在全球信息化快速发展的大背景下，大数据已成为国家重要的基础性战略资源，正引领新一轮科技创新。大数据成为提升政府治理能力的新途径。大数据应用能够揭示传统技术方式难以展现的关联关系，推动政府数据开放共享，促进社会事业数据融合和资源整合，将极大提升政府整体数据分析能力，为有效处理复杂的社会问题提供新的手段。

目前，对文化创意产业来说，大数据还是一个刚刚起步的操作。其重心首先是互联网时代的数字转型，是"互联网+"在文创领域及跨界融合的全面推进。大数据在文创发展方向、战略布局、文化金融、内容产业、文化管理、文化营销与文化消费方面将发挥重要作用。目前，一些企业已经开始了数字创新实践。这里的关键是大数据将必然转化出价值。

"数客"的培养，特别是首席数据官（CDO）、数据分析师的选拔与培养，成为未来文创企业的标配，这对于把握企业文化、创意、营销的发展方向具有重要作用。也有人认为，首席数据官已经不够，而首席数据洞察官将成为更为重要的角色，他们将成为大数据分析整理过程中的关键领导者。也就是说，未来的CEO、总裁,都必须成为数据洞察师。而甲骨文公司则预测一种新型用户——数据平民(Data Civilian)将崛起。未来更简单的大数据发现工具会让大数据分析更加普遍,包括运用探索性机器学习方法来进行大数据分析。

第二节 智慧城市的大格局

智慧城市是把新一代信息技术充分运用在城市的各行各业之中的基于知识社会下一代创新2.0的城市信息化高级形态。智慧城市基于互联网、云计算等新一代信息技术以及大数据、社交网络、Fab Lab、Living Lab,综合集成法等工具和方法的应用,营造有利于创新涌现的生态,实现全面透彻的感知、宽带泛在的互联、智能融合的应用以及以用户创新、开放创新、大众创新、协同创新为特征的可持续创新。

智慧城市经常与数字城市、感知城市、无线城市、智能城市、生态城市、低碳城市等区域发展概念相交叉,与电子政务、智能交通、智能电网等行业信息化概念发生交集。智慧城市是建立在高新技术发明与应用,特别是互联网建设的以人为本和可持续创新当代城市发展理念与实践。智慧城市将对整个社会形态、城市的未来走向和途径产生深远影响。智慧城市是继数字城市之后信息化城市发展的高级形态。

2010年,国内不少公司在"智慧地球"启示下提出架构体系,如"智慧城市4+1体系",已在城市综合体等智能化项目中得到应用。

上海、广州、深圳、杭州等首批12个城市"互联网+"城市服务已同步上线。用户通过手机应用进入"城市服务"平台,完成交通违章查询、路况及公交查询、生活缴费、医院挂号等通用服务。这种"互联网+城市服务",让偏远地区的用户也能够通过手机便利地享受城市公共服务,推进公共服务的均等化。

目前国内以北京为首的特大、大型城市都迫切需要解决的交通(堵车)问题、雾霾问题、生态保护、城市整体建设、公共服务、医疗保障、养老健身等问题,都可以在新智慧城市的"智慧"中,用高科技手段来逐步解决。

正是由于智慧城市的发展，为文化创意产业提供了巨大的生产性消费需求和更为普遍的生活性消费需求，在"互联网+"与"文化+"的双重相互作用中，开创出更为宽广的创意空间。

第三节　云计算的崛起与运营

云计算（Cloud Computing）。现在大家对于"云端"的概念已经很熟悉了。严格地说，云计算是分布式计算（Distributed Computing），并行计算（Parallel Computing）、效用计算（Utility Computing）、网络存储（Network Storage Technologies）、虚拟化（Virtualization）、负载均衡（Load Balance）等传统计算机和网络技术发展融合的产物。"云"是网络、互联网的一种比喻说法，过去往往用"云"来表示电信网，后来也用来表示互联网和底层基础设施的抽象形态。云计算是继20世纪80年代大型计算机到客户端—服务器的大转变之后的又一种巨变。它被看作互联网发展的第三次浪潮，是我国战略性新兴产业的重要组成部分。它将带来生活、生产方式和商业模式的根本性改变，已成为当前全社会关注的热点。作为一种新兴的资源使用和交付模式，它描述了一种基于互联网的新的IT服务增加、使用和交付模式，它意味着计算能力也可作为一种商品通过互联网进行流通。

现在我们每个人可以把自己的信息存到云上去，无论在什么地方，只要能接通网络都可以办公，甚至拿着手机就可以办公了。上传、下载都是很方便的事情。

云计算给我们带来的好处非常多。举个例子，大家都知道动画电影的制作时间很长，每个画面制作出来之后还要放在一起用计算机再重新处理一遍，才能成为可以放映的成品，这个过程叫作渲染。以前这个渲染过程需要几家动漫公司的多台服务器连续工作一两个月才能完成，因为需要处理的数据量巨大。现在使用云计算中心，三五十分钟就做完了。

再举个例子，现在有一种新兴的网络电商方式，叫微店网。全国的公司都可以到微店网上来注册，把产品放上来，一批个人经营的小店、微店从中挑选产品来经营出售，卖出去以后直接通过网络把订单交给厂方，厂方通过物联网进行配送。这种交易方式不受时间和地域的限制，信息沟通上也不存在问题。在购物方式和电商经营方式上创造了新的云销售的奇迹。

第四节　移动网走向主流

随着互联网技术的发展，过去我们需要在电脑上完成的事情，现在都可以在手机上完成了。我国现有网民中，手机用户占了绝大多数，其中 4G、5G 用户就占了很大部分。虽然说在可预知的未来手机还有很大的发展空间，但从总体上来说，移动网在全世界都有着绝对不可动摇的地位。

美国调研发布了一份全球屏幕排名，第一位是手机屏幕，紧随其后的是电脑屏幕，第三位是平板电脑屏幕，第四位才是电视屏幕。这四种屏幕加起来占据了人们生活中信息获取总量的 90% 以上，剩下的不到 10% 是广播、报纸和期刊。广播一度沦为非常落后的传播方式，但随着私家车深入老百姓的生活中，车载广播得到了复兴。而曾经在全球传媒发展中占据重要地位的报纸期刊媒体则江河日下。

现在每天还有不少人由于职业、工作原因在看纸质报纸，但看的人越来越少，有些人只是偶尔看一看。全球有不少报纸杂志的纸质版已经停刊。反观有多少人每天能够不看社交媒体账户平台的？几乎没有，特别是年轻人，除了那些根本就没有开通社交媒体账户的人。我们过去都是通过报纸获取信息，现在不是不愿意看报纸，而是手机上的信息更快捷更简短。从全球来看，坚持看报纸的人的确是越来越少了。有些报纸办了一两百年，已经非常有名了，现在都宣布不再出纸质版了。

第五节　自媒体的迅速崛起

自媒体（We-Media）——互联网术语，意指在网络技术，特别是Web2.0的环境下，由于博客、微博、共享协作平台、社交网络的兴起，使每个人都具有媒体、传媒的功能。自媒体也是相对传统新闻方式的表述，即具有传统媒体功能却不具有传统媒体运作架构的个人网络行为。2003年7月美国新闻学会的媒体中心出版的，由谢因·波曼与克里斯·威理斯联合提出的研究报告对"WeMedia（自媒体）"进行了定义："自媒体是普通大众经由数字科技强化与全球知识体系相连之后，一种开始理解普通大众如何提供与分享他们本身的事实和新闻的途径。"

简单地说，自媒体就是指为个体提供信息生产、积累、共享、传播内容兼具私密性和公开性的信息传播方式。过去那种由官方的大型传播机构来主导的传播方式已经变成了无数多元化的自媒体传播方式。

传统媒体与新媒体产业都是文化创意产业的重要部类，如何让传统媒体升级换代，让新媒体快速发展，让传统媒体与新媒体高度融合，是文化产业要持续探索的重要问题。

第六节　文化产业发展的新特色

当前，在"互联网+"的推动下，创客空间建设和创客实业发展，成为2015年以后最重要的经济文化发展方向之一。"双创"作为我国经济转型和保增长的双引擎之一，迅速推动和形成了继20世纪80年代的两个创业潮——个体户创业潮、20世纪90年代网络精英创业潮之后的第三次创业潮。这次创业潮和以往的"下海"有所不同，文化科技的创新、创意与创业在此轮高潮中具有举足轻重的作用，成为"双创"战略的一个引擎。其特点可概括为"小、微、新、特、融"。

第一，小企业。现在中小企业、小微企业对于我国的经济有很重要的意义。

国家越来越重视中小企业的发展，小企业越来越多，小企业的发展也越来越快，更多的人投入市场，创办自己的企业。在整个发展的过程中，现代的文化创意经济作为一种新的运营方式，和过去的那种生产线制造业的方式完全不同，要求有更多的独特性。

第二，微方式。它指微博、微信、微电影、微动漫、微视频等微媒体，微营销这些都是我们能看得到的微产业方式。微方式实际上已经成了我们生活和经济、消费活动中必不可少的方式。过去我们还在发短信，每条都要支付费用。现在我们用微信的方式，用微视频的方式直接交流。即使隔着千山万水，拿起手机就可以清清楚楚地面对面交流。

第三，新业态。我们以前讲的文化产业就是演出、广播、电视、电影、出版、文化旅游等类别。今天的文化产业每天都在产生新的业态新业态的产生打破了原有的界限，将会创造出很多以前难以想象的东西。

第四，酷特色。"酷"这个概念就是现代社会时尚和发展的一种基本特色。酷特色指的就是新一代年轻人，"80后""90后"甚至"00后"青年群体性追逐的浪潮式时尚文化新潮流，新奇、新颖、新特，反叛、反抗、反向，是他们鲜明的时代标记。

第五，融思维。它指跨界的思维，融合的思维，人们有需求、精神有需求、生命有需求，人的爱好也有需求。以前在文化产业领域里，就"文化产业到底包含哪些"争论了很多年。以前官方倾向于把互联网圈定在某个范围，按照科层和整体的条块分隔的管理方式，不能越界。但是，今天"互联网+"带来的是跨界融合、行业融合。文化创意与设计服务要为装备业、消费品业、信息业、建筑业服务，整体还要为旅游业、农业甚至包括体育产业服务。既然要为这么多产业服务，互联网就要与各产业融合在一起。我们不再需要去争论互联网中的某些企业是不是文化创意企业。文化产业发展到一定阶段一定要进入创意产业和创意经济的新阶段，这是顺应国际整体发展的必然趋势。以 BAT 为代表的互联网公司开始了大范围的跨界运营。

所以，今天我们谈到的"互联网+"不再仅仅是过去的互联网思维的概念，而是由思维进入实践领域，"互联网+"由一种观念创新、理论创新进入实践创新之中，成为一种经济行动的纲领与文化行动的动力，并展示了未来发展的方向和路径。

总之，我国"互联网+"背景下的文化创意产业面临着从技术基础形态到文化内容产业、数字传播、体验营销的新阶段。研究这一新阶段的新特点、新方式，对于预测未来总体趋势、文创产业转型升级、文创企业发展选择，都是十分必要的。

第十章　互联网文化产业发展：技术、制度创新驱动

第一节　我国互联网文化产业发展现状

一、我国互联网文化产业发展状况

积极发展互联网文化产业是实现我国经济持续增长、推动文化产业快速发展的重要引擎；也是我国经济增长走"创新驱动、转型发展"道路的重要路径。

（一）发展的历史脉络

我国1994年接入国际互联网，1997年开始商业化应用。1997—1999年虽然掀起互联网热潮，包括新浪、搜狐、网易三大门户网站在内的各类网站如雨后春笋般诞生，采用免费服务（新闻、邮箱、BBS等）的模式，这种狂热导致互联网随后进入寒冬。

2000年至今，互联网泡沫过后生存下来的企业不再一味免费，而是寻找适合自己的盈利模式。因此，进入21世纪以来，我国互联网文化产业发展的内外部生态环境不断得到改善，从互联网经历严冬，到网民规模的不断攀升、互联网文化消费市场的扩大、互联网文化产业市场中竞争环境的变化，互联网文化产业在营销模式、盈利模式、融资形式方面不断走向成熟。具体来看，2000—2003年是互联网文化产业快速增长期。当时的互联网发展逐渐走出了发展寒冬，重燃了网民对互联网发展的信心，一批优秀的门户网站发展起来；2006—2009年则

是互联网文化产业新的高速增长期，这与技术创新与技术应用的拓展、Web2.0时代的到来局势密切相关，伴随着互联网络逐渐成为年轻人生活方式的组成部分，以及各种关键网络技术如Flash技术、DRM技术、3G技术等的创新运用，增强了网络用户体验，同时这一时期产生了多样化的新型互联网文化形态，如社交网站出现并得到快速发展，迎合了部分网民对互联网文化产品的兴趣和需求；2011年以来，国家加大网络基础设施建设，积极推动宽带网络基础设施建设，并伴随互联网应用的拓展与成熟，尤其是近年来移动互联网应用崛起，互联网文化产品及时、方便地进入网民视野，网络不再局限于年轻人而逐渐成为更多网民进行学习、工作、娱乐和生活的重要手段，这一内在需求的释放直接推动了互联网文化市场的扩张与兴盛。

（二）总体发展状况

从产业基础来看，根据2023年2月国家统计局发布的最新数据，2022年我国互联网上网人数规模实现10.67亿人，其中手机上网人数10.65亿人；互联网普及率达到75.6%，其中城镇互联网普及率高达96.7%，光纤到户的用户规模、WLAN覆盖密度与规模、城域网出口带宽都有了较大幅度的提高，而且高清有线电视、IPTV用户规模、三网融合试点业务用户规模发展迅速。在具体行业方面，形成了网络书店、网络阅读服务、宽频网络电视、数字出版、IPTV、网络游戏、网络社区、网络财经服务、文化电子商务、网络休闲娱乐等多种互联网文化业态。其中，网络视听产业（涵盖视频点播下载、视频分享、P2P流媒体、JPTV和手机电视等）近年增长迅速。从具体行业来看呈现以下特点：

一是网络游戏产业保持高速增长。根据《2022年中国网络游戏市场年度报告》，2022年，我国网络游戏市场规模实现2658.84亿元，比2021年增长了12.3%。其中，客户端游戏与网页游戏市场规模约为666.5亿元，同比增长2.49%；移动互联网游戏市场规模实现1930.58亿元，同比增长3.36%。

二是我国数字出版产业保持了稳健增长的态势，总规模达12762.64亿元，比2020年的11781.67亿元增长了8.33%，其中，互联网广告、手机出版、网络游戏位居收入的前三位，且电子书为66亿元、数字报纸为6.7亿元、博客达151.56

亿元、互联网期刊收入实现 28.47 亿元。其中，上海数字出版产业规模较大，张江国家数字出版基地依托优势出版企业持续推动创新出版，促进了产业的深度聚集。

三是我国网络视听产业规模急剧增长。根据最新的《中国网络视听产业白皮书》显示的数据，2022 年，我国网络视频用户规模为 10.4 亿，占全国网民总规模的 98.4%；我国网络视听产业产值实现 7000 亿元。

四是在手机移动新媒体方面，北京、上海、广州、深圳的企业处于全国领先，且上海应用 3G 技术发展移动视听产业初步取得高端突破，手机游戏领域、手机视听领域、楼宇电视、移动车载电视等广告联播网领域，有线数字电视及增值服务领域发展迅速。

（三）高速发展与问题并存

互联网文化产业以产业的外壳轻易进入人们的生活，特别是随着电信网、广电网和互联网"三网融合"的加快和 5G 时代、Web3.0 时代的到来，CMMB、IPTV、网络广播电视、手机广播多媒体等新兴文化业态风起云涌，不断创造出新的文化产品形态、催生新的文化业态，打造了一个全新互联网文化文明时代。

其一，互联网文化市场结构出现调整。在目前发展较为成熟的互联网文化产业领域，如网络视频产业、网络游戏产业、数字出版产业等，从市场结构来看，资源重组与整合频繁，出现了垄断竞争乃至寡头垄断的市场结构，市场准入门槛提高，未来的"分餐""合并"等洗牌也基本在几家强势文化企业之间展开；并且伴随互联网文化市场的"洗牌"而成熟，推动着互联网文化市场的优胜劣汰，促进互联网文化产业精益求精发展。同时，也创造出了新的天地。这片天地仍未被瓜分完，市场准入较低，相较而言，还是较为开放、自由的。比如移动应用市场由于其准入低、研发成本较低，依靠下载付费和广告收入，变得活跃起来，促进了互联网文化市场的繁荣。

其二，互联网文化企业寻求多方面发展、构建了较为完善的产业链，贯穿互联网文化产业的上游、中游与下游，掌握核心资源的互联网文化企业担当"多面手"角色，不断进行着互联网文化资源的整合；同时，重视版权的保护与增值。

特别是近几年,影视剧网络版权费水涨船高,给互联网文化企业的内容创新与版权保护提出更高要求,如果跟不上市场需求的变革就会丧失原有的优势地位而被淘汰出局。

其三,互联网文化生态危机也日益凸显,网络色情、网络暴力、网络虚假信息、网络成瘾、无底线的网络恶搞问题,以及互联网文化霸权主义、网络犯罪等互联网文化安全问题泛滥成灾;网络侵权,盗版、盗播现象严重,特别是数字出版侵权手段日趋复杂、监管难度加大,网络游戏与网络动漫内容侵权凸显,网络影视盗版盗播问题扩大化……如何优化发展环境,推动我国互联网文化产业健康、有序、公平发展成为一个迫切需要解决的问题。

(四)盈利模式

从互联网文化企业的盈利模式来看,基本采用"免费+付费"为基准的多元化模式。

总体来看,我国互联网文化产业正在朝多元化格局发展,网络视听、网络出版、网络文学、网络游戏等行业发展已经较为成熟。

二、我国互联网文化产业发展的特点

(一)技术与互联网文化产业深度融合趋向凸显

基于技术产生与发展的互联网文化产业与高新科技进一步深度融合,推动着我国网络游戏、网络视听、数字出版、网络音乐、网络文学、网络教育等新兴文化产业业态高速发展。文化企业积极对接高新技术,加速网络化与数字化进程。

在技术的主导下,互联网文化产业正步入一个分化与应用大数据的时代,开始围绕以YB为单位的结构和非结构的数据挖掘与数据应用的海量信息时代,如何分析与挖掘网络日志、网络用户评价、网络音视频观看数据、网站与图片访问浏览数据、网民地理位置等动态数据信息,进行精准内容推送与个性化、精确化营销,并优化互联网文化内容、实现价值增值,成为互联网文化产业链进行延展的重点趋向。

（二）进一步强化了对互联网文化产业的资金扶持力度

特别是在网络视听产业方面，各个地方政府出台了相关的扶持政策。一方面，用于对成长性高的企业进行资助、对企业和基地参加国内外各类宣传推广交流活动进行资助、对网络视听公共服务平台进行资助；另一方面，用于对优秀的企业原创内容或创新项目进行奖励，积极支持原创网剧、原创短片、原创视听栏目、3D或高清类视听节目制作等网络视听产业的内容创意，以及技术开发、视听平台等，并对申请范围、条件与经费额度等做出了具体规定。重点扶持八个行业，即"原创网络剧、原创网络短片、原创视听栏目、视听节目制作、创新项目、视听企业、网络视听专项服务以及网络视听公共服务平台"。

（三）互联网文化企业品牌与外向型企业增多

一是数字出版方面，形成了特色产业聚集的数字出版产业链，并形成了发展数字出版与电子阅读器的科技企业，而且传统出版企业陆续向数字出版转型。二是形成了网络游戏企业。三是以致力于网络视频。

（四）互联网文化企业的民营化与"走出去"趋势明显

一方面，民营互联网文化企业发展迅速，遍布网吧、网络游戏、动漫、网络视频、网络文学、网络财经、手机新媒体等行业。其中，互联网上网服务场所民营企业占总数的99%，从事互联网文化经营的非公企业约占九成；民营文化企业通过建立原创产业链，吸引和培育了诸多原创作家，推动了文学原创的市场化，并积极利用原创文学应用于网络游戏、影视等产业的前端环节。另一方面，外向型互联网文化企业发展迅速，国家级的互联网文化出口重点企业数量急剧增加。特别是小型网页游戏、手机和网络动漫等新兴游戏的"走出去"步伐加快。

三、互联网文化产业发展存在的问题

从总体情况来看，我国互联网文化产业表现出良好的发展态势与发展格局，但较之国际互联网文化市场，其产业规模与产业竞争力的进一步提升、产业结构的优化、互联网文化品牌的创建等还面临着诸多制约因素,也缺乏互联网文化行业的领头羊企业。

(一)互联网文化产业规模比重亟须扩大

从基础资源来看,我国互联网普及率由2001年的18.9%上升到2022年的75.6%,互联网用户大规模增加,提供了互联网文化产业发展的广阔市场。互联网文化产业规模较之国际大都市纽约、伦敦、东京、首尔等,还存在较大差距。互联网文化产业结构还需要进一步优化,从互联网文化服务业增加值来看,虽然增加值规模持续在增加。但增长速度放缓,说明我国互联网文化产业发展进入了一个相对平缓的增长期。

(二)金融与财政政策配套还需完善

金融与财政政策对互联网文化产业的支持需要进一步的落实与完善。目前,大量的网络游戏、网络视频、网络动漫等领域的中小文化企业面临资金短缺的发展瓶颈,在实际融资运作过程中,银行缺乏更加适合互联网文化企业产品特点的金融产品,规模小的互联网文化企业由于无力提供抵押物而无法获得银行贷款资金,一定程度上制约了这些互联网文化企业的发展。

(三)具有影响力的大型互联网文化企业数量少、园区同质化竞争严重

虽然互联网文化产业领域各个新兴业态的创新力强、发展迅速,但拥有核心技术与自主知识产权的互联网文化企业数量较少,要造就出一批在国内外互联网文化市场具有极强竞争力的知名企业还有很长一段路需要走。此外,互联网文化产业园区建设仍然存在同质化困境,科技与创意集群密集,但缺乏对各类文化资源的整合与差异化布局。同时,虽然外向型互联网文化企业增多,但具有一定经营规模、竞争力强的互联网文化企业总量还不多,互联网文化品牌"走出去"的能力亟须提高、"走出去"形式亟须多元化。目前"走出去的"互联网文化产品技术含量还不是很高、价格偏低,且主要局限在小主流国际文化市场,国际影响力还不高。

（四）互联网文化企业侵权盗版问题突出

自互联网文化产业诞生之日起，互联网文化侵权与保护就是一个热点与难点问题。对我国整个互联网文化大市场而言，互联网的开放性与对免费共享的互联网的推崇，让许多非法上传与转载未经允许的文化内容被披上了灰色的外衣，游走在"创新"与"侵权"之间，打击了文化原创者的积极性，甚至破坏了创新的产业链，从长期来看，制约着整个互联网文化产业的可持续健康发展。一方面，影视作品的网络版权日益受到国家和行业的关注；另一方面也表明网络视频行业侵权问题的突出。此外，网络游戏侵权、网络文学侵权、网络音乐侵权以及传统出版物在互联网上未经许可肆意传播的侵权问题也层出不穷。显然，未来几年，上述领域仍然是"剑网专项行动"打击的重点，下一阶段加快构建互联网文化版权保护的长效机制已刻不容缓。

第二节　互联网文化产业发展的驱动因素

一、互联网文化产业发展：不同驱动要素的助推

互联网文化产业的发展有其特有的机制，在互联网文化产业全面崛起、管理问题层出不穷的大背景下，识别我国互联网文化产业发展的驱动因素，有助于政府建构具有前瞻性的互联网文化产业治理机制，推动互联网文化产业健康、快速发展，并创造良好的互联网文化生态环境。

创新是互联网文化产业动态演化的关键。互联网文化产业的发展过程是对创新意识、创造能力的鼓励与挖掘。熊彼特最早提出创新理论，认为创新是把生产要素和生产条件的新组合引入生产体系，建立起一种新的生产函数，形成"长、中、短"多层次的三种周期。互联网文化产业发展建筑于不断创新的基础上，自互联网文化产业诞生之日起，每次发展都不是网络设备提供商和内容提供商的简单组合，而是内容创新、产品创新、服务创新、经营模式创新、管理组织创新等

综合创新力的交融，互联网文化产业发展活力的迸发需要软创新与硬创新的交叉可融合，积极创新文化政策对于互联网文化产业发展摆脱僵局，扩展有效空间维度意义重大。互联网文化企业的技术创新活动是一个极其复杂的过程，孕育在企业整个日常运作流程与频繁的文化信息交流过程中。

市场推动的逻辑背后是互联网文化产品、互联网文化消费、互联网文化平台的集聚与助推。实际上，互联网文化产业发展的时空跨界性的特点使其更强调个体而非区域的竞争，但对经济效益与社会效益双重效益规律的遵循依然是其发展的基准。此外，知识产权、网络营销、金融支持都是市场逻辑推动下互联网文化产业塑造竞争优势的关键要素；当然，互联网文化产业的高市场化程度也面临风险，如网络广告收益不稳定、网络媒体推行收费模式困难、网络搜索企业与网络媒体间存在竞争关系、报纸网络版的收入很不稳定、从网络上获得的收入未实现总收入十分之一等窘状存在。

技术要素是互联网文化产业发展演化的重要驱动，推动着产业融合与产业分化。科技创新是一种"创造性破坏"，互联网文化产业依赖的高新技术创新活跃，其创新成果转化为互联网文化生产的周期日益缩短，而且技术创新带来互联网文化产业较强的关联性与波及性，加快了互联网文化产业形态的更新换代，并引发新一轮的互联网文化产业业态变革。正如卡斯特所言：人类进入网络社会，其最大特点是生产方式与信息方式合二为一。Paul 与 Pan 强调，欧洲、日本和其他国家正兴起不受当前 TCP/IP 为基础的互联网体系结构限制约束的研究，涵盖了新体系结构、新安全机制、内容分发机制、管理和控制框架、服务体系结构和路由机制等，实质是对未来网络架构和下一代互联网的研究，突出了技术产业发展的重要性。技术创新步伐的加快提高；互联网文化产品的科技含量（如动态视觉效果的提升），创造了新的互联网文化产品与服务形式，推动其向更高层次发展。与此同时，随着技术的迅猛发展与科技创新周期的缩短，互联网文化产品在网络空间传播的范围不断被拓展。互联网文化企业进行技术创新的过程，是对文化资源进行创意加工、创造出新知识、新技术、新产品、新模式的过程。

媒介融合与集聚也驱动着互联网文化产业的发展演化。互联网文化产业是新经济形态，按照学者吉姆的观点，新经济有三个特征："一是越来越全球化；二是越来越无形化；三是越来越去中心化，以网络与流动性为特征。"数字化与连通性、非居间化和再居间化、专门化和客户化、行业趋同是新经济发展的四种驱动力。奇尔库和考夫曼（1999）提出"居间化—非居间化—再居间化"的循环框架，强调短期看表现为非居间化，长期看则出现再居间化，重新进入价值增值链中。互联网文化产业非居间化的过程与居间化、再居间化交融在一起，共同作用推动互联网文化产业新兴业态不断迅速涌现。特别是随着宽带和移动技术在互联网文化产业领域的应用，静态互联网向动态网、语义网，以及网络终端多样化、智能化发展，推动了手机、网络新媒体与传统的电视、广播等媒体的横向和垂直融合，呈现出互联网文化产业与传统文化产业、传统制造业、服务业的跨界合作与融合，不断形成、分化出和成熟的工业、高科技、金融业、商业等彼此支撑和优势互补的新型产业业态，扩张了互联网文化产业的行业规模与领域。

实际上，现有研究中，利用生态位理论关于物种之间及物种与周围环境之间的资源集聚与竞合研究互联网文化产业生存与发展的演化规律也是可行的。文化企业及其周边生态形成了一个类似于生态系统的创新网络系统，系统的主体，包括文化企业及其与产业链相关的科研组织、技术平台与相关组织体系形成了一个良性联系机制，文化产品投入与文化生产联系机制、技术创新与知识共享、知识溢出机制等，成为助推企业进行可持续创新与发展的生态循环系统。（解学芳，2014）从生态理论来看，相似文化要素条件、相似文化市场需求状况与相似组织结构的企业个体在空间上汇聚，可以降低交易成本、强化专业分工协作，还能通过良好的集群生态环境的形成，延展文化价值链、提高文化创新频率与技术扩散速度、缩短技术升级周期，形成了发展的自我衍生与自我强化机制，揭示了互联网文化产业的发展类似于生态种群通过相互竞合实现发展的内驱动机制，也说明了互联网文化产业的发展往往会依赖合作与竞争的共生关系形成集聚发展的态势。

二、互联网文化产业变迁轨迹：驱动因素理论模型

从我国互联网文化产业发展轨迹来看，产业从无到有，并且发展迅速，与以

下诸多驱动因素密不可分：技术创新因素，随着网络技术的发展及高新技术在文化产业领域的应用，推动了产业发展；经济因素，随着经济的稳定增长，城乡居民家庭可支配收入不断提高，经济实力的增长带来的是文化消费需求的增加，市民有需要并且有能力消费互联网文化产品或服务；市场创新因素，如新的市场主体、营销模式、融资手段等因素推动了产业发展；政策创新因素，近年来国家越来越重视文化产业和互联网文化产业，在政策上大力支持产业的发展，优化了产业布局，使得互联网文化产业在技术、人才、产出上都得到长足发展；除此之外，还有人才汇聚因素、对版权的重视等因素。

综合来看，驱动互联网文化产业发展的因素呈现多元化与集聚性。既包括由政府与企业、第三方组织和网民，以及网络内容开发商、服务提供商、网络设备商、内容与服务运营商等多维主体；又包括围绕互联网文化产品/服务创新可互联网文化产业链的打造展开的内驱动因素，由经济环境、政策法律、社会文化环境和技术环境构成的围绕互联网文化产业良好的对生态环境的塑造展开的外驱动因素。

多维主体交融于互联网文化产业发展的内外驱动因子流程之中，而内外驱动因素的识别与测度是建构互联网文化产业公共治理机制的重要现实依据。围绕内外两大维度构建互联网文化产业发展的驱动因素理论模型，一方面，将网络内容开发商及服务提供商、内容与服务运营商、网络设备商等运营要素，作为影响互联网文化产业发展的内驱动因素，这些主体贯穿于互联网文化产业链之中，重点进行互联网文化产品的内容创新与技术创新，丰富互联网文化产品数量与类型、提升互联网文化产品品质等，都是影响产业发展的核心内源；同时，互联网文化产业具有跨界性与融合性的特点，互联网文化产业链是否完善直接影响着产业的发展，互联网文化企业对产业链条的重视与投入，对互联网文化产品开发源头的版权打造与保护，对互联网文化市场喜好的迎合，以及互联网文化产品销售体系的完善等，都是影响互联网文化产业健康、快速发展的内驱动因素。另一方面，将经济环境、政策法规、社会文化环境和技术环境诸要素看作外驱动因素，是互联网文化产业发展的关键性外部影响因子。其中，经济环境主要是指宏观经济环境，我国国内生产总值的不断增长、互联网经济的崛起与服务业占国内生产总值比重的不断提升,以及有一个良好的商业环境的塑造等;社会文化环境主要是网络社会的崛起,有一个推动互联网文化产业发展的社会文化环境,网民建立起网络消费的意识,并逐渐培育起正版付费的消费观,而传统媒体与新媒体要给予互联网文化产业客观的评价,塑造良好的舆论环境;技术环境主要是营造一个鼓励新技术研发、核心技术与关键技术应用于互联网文化产业领域、鼓励技术创新的良好环境,互联网文化产业实际是将现实与虚拟的文化资源借助网络技术进行资源的迁移及整合,突破性的技术创新是互联网文化产业发展的重要因素。

从理论模型可以看出,不管是内部驱动因素还是外部驱动因子,都不是各自独立存在的,而是形成了一种互动关联:内部因素的变化受到外部因素的影响与推动,外部因素长期来看也会因互联网文化产业内部因子的优化带来整个产业生态大环境的改观。

总体来看,基于互联网文化产业的独有特点与发展规律,有两大因素贯穿于内外部因素之中,即技术创新要素、制度创新要素,不仅是互联网文化产业发展的基础与保障,这两大要素的优化将是引领互联网文化产业进入发展新阶段的强劲助推器。下面,分别对这两大驱动要素理论模型进行构建。

第三节 技术创新与互联网文化产业发展

互联网文化产业将现实与虚拟的文化资源借助网络平台进行资源的迁移及整合,利用突破性的技术创新作为内在驱动力量:新界定产业边界推动着互联网文化产业融合进程。整个技术创新的扩散过程反映出技术创新主体占比,随着时间的推移,在互联网文化产业发展领域呈现 S 曲线式的不同阶段的演化特征。

一、基础要素层面创新带来的变革

随着光纤技术的发展,"以光代铜"的提速行动,实现了家庭平均接入宽带

4G 达到 39Mb，5G 达到 334Mb 的高速时代。在技术推动下，网速的高速提升，一方面使得广大用户在使用网络游戏、网络视听服务、电子商务等产品或服务时更具满意度；另一方面也能促进开发商、运营商研制或承载更高水准的产品或服务。

  基础技术是互联网文化产业发展中最基本的部分。基础技术创新的加速度和增长周期越来越短的趋向推动了互联网文化产业新业态出现的速度。在互联网文化产业技术创新演化过程中，诸要素之间的相互作用、相互依赖构成了相对稳定的有机体，呈现出技术创新的整体性、有序性、过程性与动态性。特别是伴随新技术在互联网文化产业领域应用的成熟化，一是基础性的外生技术创新引发整个互联网文化产业技术的进步；二是互联网文化产业内部的技术创新也由基础技术创新所引发，为推动科技创新的多维发展与应用空间如同基数式的增长累加效益提供基本条件。伴随新基础技术在互联网文化产业领域各方之间应用流与应用速度的加快，各节点之间更容易产生不同文化的产品融合，创造出具有异质性的互联网文化产品与服务，在基础技术获得突破的同时，也推动技术创新进入新一轮的创新演化周期。

  在互联网文化市场中，新兴技术的崛起带来了新型的营销模式，同样成为推动互联网文化产业发展的重要力量，使得企业与用户之间不再是单一关系，而形成了互动关系，提高了影响力与宣传效果，使得网络受众群不断扩大，并形成了新的产业领域。

二、应用技术层面创新带来的变革

  在应用技术方面，3D 技术更加成熟与发展，越来越多运用到网络游戏、动漫产业等领域。3D 技术具有精确性、真实性、无限可操作性，增强了视觉感受、娱乐感受，吸引众多玩家加入，推动互联网文化产业发展。

  游戏引擎技术的发展促进了网络游戏的发展。如今的游戏引擎已经发展为一套由多个子系统共同构成的复杂系统，几乎涵盖了开发过程中的所有重要环节，在这个设计中主要涉及以下几项功能：光影处理、碰撞检测、物理系统、动画、渲染、输入和输出等,相当于网络游戏的框架,因此至关重要。由于游戏引擎技术复杂、研发成本高,国内不少游戏公司并不进行这项技术的开发;同时,从我国网络游戏产业演化历程来看,从代理韩国、美国网络游戏起步发家,到走向自主研发与运营的轨道,掌握核心技术成为发展主线——从粗糙的音视频效果发展到自主创新的网络游戏,凸显出原有发展模式核心技术空心化的不可永续性;同时,技术的运用为网络游戏赢得寻求到合理的运营模式——利用技术实现网络服务器与用户终端应用程序数据的交换与实时互动,控制用户系统与庞大的客服系统向公众提供游戏产品与服务,建立便捷的支付渠道而不产生额外成本,提高了非法网络游戏运营商侵权的门槛……正是技术创新贯穿始终才造就了我国网络游戏产业的兴盛。

数字编码技术、数字版权管理(DRM)技术、IP组播路由技术、P2P技术的进步,推动了网络视频产业的快速发展。数字编码技术解决了数字视频的压缩、储存和传输难题,能够降低传输带宽和存储空间,为网络视频网站提供高质量视频业务。DRM技术通过使用一定算法在数字格式的音乐、图片、影片中嵌入标志性信息,同时不影响它们原本的内容,对用户观看没有影响,并形成对版权的保护。IP组播路由技术实现了IP网络中多点到多点的高效数据传输,在节约网络带宽、降低网络负载的情况下能成倍增加业务数量,成为大流量视频业务的首选方案。P2P技术通过直接互联网共享信息资源、处理器资源、存储资源、高速缓存资源等,P2P的任何一端都能同时具有服务器和客户端功能,单台PC机从多台机器接受数据流的同时也能向多台机器发送数据流。

此外,大数据技术应用的普及,给整个互联网文化产业的创作与营销环节带来巨大变革。大数据从原来意义上的巨量资料与处理大量数据的技术,伴随着应用范围的不断扩大,大数据实质成为人们对海量数据进行分析获取巨大价值的行业。就互联网文化产业而言,网民的文化需求是多样的,但网民的时间、注意力是有限的,如何准确地进行网民文化需求的预测变得至关重要,这既可以提高营销效率,也能够降低运营成本,但精准营销的实现需要来自互联网的海量数据的支持与支撑。大数据时代的到来迎合了这一需求,企业通过建立数据库记录、计算网民用户的观看、浏览行为并做出预测,进行定向的营销或是定向广告投放,特别是在网络视频、网络动漫、网络文学领域,通过预测网络视频用户或网络文学观看者的喜好,进行定向广告的展示与视频、网络文学内容的推送;或是在不同时间段根据受众对象进行不同广告的投放;对于网络游戏用户,利用大数据分析可建立用户的游玩喜好评价体系,以便进行新游戏产品的精准定向营销、投放;对互联网文化企业而言,可以降低成本、提高营销效率、提升盈利收入与互联网文化产品影响力;对受众而言,可以免于不必要的信息接收,提高用户体验。

三、跨媒介技术创新带来的变革

如果说上述几项技术创新的进步只是在单一行业内发挥了巨大作用,那么三网融合、云计算技术的作用则体现在了跨行业、跨媒介方面,在此技术基础上产生的移动互联网,并有望成为我国互联网文化产业未来最强劲的技术驱动推力。在网络基础设施、3D、数字编码、P2P等技术日渐成熟时,移动互联网站在了它们的肩膀上,有了更高的起点,也能迅速部署一系列业态,新兴的产业形态、运营模式由此而生。与此同时,移动互联网适应了人们的时间越来越碎片化的需求,推动着移动互联网娱乐化方式越来越丰富。

目前,许多城市推行"无线城市"与"智慧城市"战略,围绕构建创新活跃的新一代信息技术产业体,重点实施云计算、物联网、TD-LTE、高端软件、下一代网络(NGN)、车联网、信息服务等,技术研发能力提升,而且伴随移动互联网的爆发,火车站、主要地铁站、商场、商店等公共区域均有无线网络覆盖,终端联网更为便捷,越来越多的用户使用碎片化时间进行阅读、观看视频、玩游戏,或是进行在线支付等行为,直接推动了数字出版、网络视频、移动游戏的受众范围、市场规模迅速扩大,推动了整个互联网文化产业发展、繁荣。同时与此相适应,还诞生了在手机、平板电脑上使用的游戏;传统媒体的内容,杂志、报纸、书籍都进行数字化以供在线阅读或下载;网络文学中诞生更适合碎片化阅读的作品,并开发相应移动应用。

此外,移动互联网的发展进一步实现了产业跨行业、跨部门、跨所有制的融合。移动互联网发展的"内容+平台+终端"的模式,既丰富了互联网文化产品及服务的内容与形式，还形成了自由的创新氛围，不仅有利于互联网文化产品或服务的内容创新，技术创新、应用创新更具蓬勃发展的环境与平台，促进了互联网文化产业繁荣。

四、网络安全技术作为产业保障的重要性

作为保障的网络安全技术，如防火墙技术、加密技术等则为互联网文化产业的健康、有序、良性发展提供了支撑。同样，在技术给我国互联网文化产业带来发展驱动力的同时，技术的悖论也引导互联网文化产业进入一种发展迷局。

技术创新在虚拟网络空间的非法运用使音乐、书籍、影视等文化作品的拷贝与传播变得容易、快捷与低廉，在无边界的网络环境里推动着网络侵权的恶意扩散。不仅侵犯了版权人的合法权益，也严重打击了互联网文化原创者的积极性，使得互联网文化产业知识产权保护成为一大难题，对整个产业发展产生深远的不良影响。

第十一章　互联网文化产业治理现代化

由互联网文化产业发展实证分析结果可以看出，技术创新、制度创新这两大要素不是独立发挥作用的因子，而是相互协同、相互作用的有机体。要真正实现我国互联网文化产业的良性可持续发展，必须深谙技术创新、制度创新背后隐含的产业发展机制，针对互联网文化产业发展特点、内在机制与发展趋势建构互联网文化产业的公共治理框架，真正为互联网文化产业的健康、高效发展提供一个良性循环的公共治理机制。

笔者认为，互联网文化产业公共治理机制是一个包括内容框架和保障体系两大维度的有机综合体。内容体系是治理现代化机制的基础维度，基于技术创新、制度创新的保障体系是治理现代化机制的关键。

第一节　互联网文化产业治理现代化的内涵与逻辑

一、互联网文化产业治理现代化的内涵

在明确互联网文化产业治理现代化的内涵之前，先探讨一下互联网文化产业公共治理的概念。所谓互联网文化产业公共治理是指以互联网文化产业为管理对象，以政府、企业、第三方组织和个人等为多元主体，在互联网文化产业整个运行过程中，运用行政、法律、经济、行业自律、自我管理等手段维持互联网文化市场秩序，引导、控制和规范互联网文化产业的各项活动，其目的是最大限度满足互联网文化产业健康发展和社会公众的文化需求。从外延来看：一是公共治理主体多元化。二是公共治理对象动态化。随着新兴互联网文化业态的出现，互联网文化产业公共治理范围不断延伸。三是公共治理价值理念双向性——

不仅要实现互联网文化产业本身的健康、快速发展,还要为社会提供优秀健康的互联网文化产品和服务,满足日益攀升的互联网文化需求。

互联网文化产业治理现代化体系的构建需要遵循技术创新、制度创新的协同耦合作用下的文化产业演化机制:一方面,互联网文化产业治理现代化体系要在全球互联网文化市场视野下实现互联网文化产业开放、健康、高效、稳健发展的战略目标,是对经济绩效与社会绩效双效目标的平衡与追求;另一方面,国家互联网文化产业治理能力的提升要深谙互联网文化产业跃迁机制,从制度与技术协同的视角推动互联网文化资源的高效整合,实现互联网文化市场资源配置的最大化,以及充分利用互联网文化产业崛起的红利实现文化权利的公平分配等,实现互联网文化产业发展可治理红利的高度协同。具体来看,互联网文化产业治理现代化体系是一个包括治理目标、治理主体、治理内核和治理机制的综合系统。

(一)互联网文化产业治理现代化体系的目标

互联网文化产业治理现代化体系,致力于创造一个良好的互联网文化产业发展生态,治理主体树立多元、自信、开放的互联网文化产业发展观。在社会效益向度,互联网文化产业治理现代化体系要维护统一、公开、公平的互联网文化市场秩序,增进公共文化利益与文化权益;在经济效益向度,互联网文化产业治理现代化体系需立足国际化视野,积极打造现代化互联网文化市场体系,释放互联网文化产业发展活力与潜力,提高我国互联网文化产业融入世界互联网文化产业体系的能力、国际影响力与话语权。

树立多元、自信、开放的治理观,文化产业跨行业、跨领域发展态势与"大、云、平、移"时代的到来,都意味着治理边界的拓展,必须以动态、开放的心态贯穿治理的全过程。

(二)互联网文化产业治理现代化体系的主体

互联网文化产业治理现代化体系是五位一体的治理主体体系,是一种适应互联网文化产业跨界、跨行业发展特点与发展趋势的新型治理体系,即以政府为主导，互联网文化企业为主体，行业协会、社会媒体与网民广泛参与的多元合作治理体系，有助于实现一个全新的制度化主体分权调控的参与式与互动式的新治理体系，提高治理决策的科学化、市场化与民主化。

针对多元主体参与治理的特点，学习综合运用归属不同治理主体的技术管理、内容传播主体管理、法治管理与道德自律方式的结合，提高文化产业治理的效能，从"办文化""管文化"的旧模式向"治理文化"新模式蜕变——积极转变治理思维、放松规制、实现权力下放，变监管为服务、变强制为利导，立足源头治理与动态应急治理相结合，实现从惩戒刚性的规制性管制范式向软性的规则性治理范式转变。

（三）互联网文化产业治理现代化体系的制度内核

互联网文化产业治理现代化要实现治理的法治化与前瞻性。一方面，释放技术创新对制度创新的启发效益，改革不适应互联网文化产业发展机理与态势的现有管理模式，重塑制度体系，制定预见性更适应互联网文化产业发展的政策、法规体系，这是提升互联网文化产业治理现代化的制度基础。互联网文化产业制度创新过程是内生制度与外生制度的交互作用与演进，其中，对内生制度的关注是对互联网文化产业内在发展机制的遵循，而外生制度是建立在内生制度基础上对互联网文化产业版权保护制度、规章制度与促进产业发展制度的集合。通过前瞻性的互联网文化产业制度体系的建构将互联网文化产业发展问题纳入法治化轨道，实现互联网文化产业健康、有序、创新发展。同时，加快前瞻性的文化产业制度体系的建构，将文化产业发展问题纳入法治化轨道，实现文化产业健康、有序、创新发展。

文化产业政策正呈现出多部门协同制定、联动实施的新特征，这种制度创新主体协同参与治理的格局迎合了文化产业跨界发展的趋势，协同效应已经显现：一系列涉及小微文化企业发展、特色文化产业、文化创意、文化贸易、电影、文化金融、创业创意人才等方面的文化产业政策密集出台，呈现出多部门协同治理的特点。可见，文化产业制度创新主体协同已达成共识，如何在政策实施中做好责任落实与控制，成为提升国家文化产业现代化治理能力的关键。

（四）互联网文化产业治理现代化体系的技术方式

互联网文化产业治理现代化的方式是治理主体能够综合运用政治手段、经济手段、法律手段、技术手段的水平，引导与监督互联网文化企业行为，维护互联网文化市场秩序，提高降低互联网文化产业发展矛盾与问题的能力。其实，治理现代化的最大特色是利用高新技术优化治理方式，提高治理互联网文化产业的水平，如数字盗版侵权技术识别、网络游戏防沉迷系统、版权保护系统等，不断利用现代科技手段拓宽治理边界、提高治理效率、增强治理精度。

其中，对文化原创环节加强现代技术方式的版权保护尤为重要。在扶持原创层面，不仅仅是给予资金扶持，而是立足长远，通过制度环境的优化，利用技术手段、创新平台建设、技术共享等刺激文化创意、创新的可持续性。针对技术应用的宽泛性，在版权治理方面引入技术手段的协同治理。实际上，对版权问题的重视在互联网文化领域日渐达成共识。可见，对网络侵权问题的治理，已呈现出紧跟国际互联网文化版权保护制度的趋势，文化企业如何学会利用高新技术手段，从源头就利用安全技术介入保护，并贯彻在整个运营环节与营销环节是下一个阶段着重需要解决的问题。

二、互联网文化产业治理现代化的逻辑

从互联网文化产业塑造的大产业生态系统维度来看，根据"乘补协同"原理，当系统整体功能出现失调时，系统会由于部分要素的乘机膨胀而发生畸变，有些要素就会自动补偿或代替系统的原有功能，使整体功能趋于稳定。互联网文化产业公共治理就是要在互联网文化的大生态系统调控中加强相乘相补的协同作用，既稳定互联网文化产业生态系统已有的良好的系统时，使补胜于乘；又需改变系统中不利于互联网文化产业发展的系统时，使乘强于补。基于此，互联网文化产业治理现代化应把"公共心态"作为治理的逻辑起点；把"分类分级"作为治理的内在理念；把"制约平衡"作为治理现代化体系的运作法则，实现互联网文化产业规制与建设的并举。

（一）"公共心态"是互联网文化产业治理现代化的逻辑起点

公共心态的理念与互联网技术的本质特征"开放性"一脉相承，这要求我们的互联网文化管理部门给予互联网文化产业发展更开放的环境、更加宽松的市场准入与政策支持；同时，搭建高效率的多元主体沟通协调治理平台，减少组织层级，提高反应速度，让互联网文化管理部门成为一个完全致力于创新驱动的服务型组织；此外，要鼓励发展不同特色的互联网文化，实现异质互联网文化的交融，并积极推动不同互联网文化产业业态的跨界发展、跨界整合，形成互联网文化产业发展的新格局。

（二）"分类分级"是互联网文化产业治理现代化的内在理念

分类分级理念应贯穿于互联网文化产业治理的全过程。网络游戏产业、网络音乐、网络视频、网络电视、网络信息通信、网吧等都在互联网文化产业治理范畴内，但产业形态的差异化意味着在管理上不能搞"一刀切"，而须实行分类分级管理。从产业形态上来说，对网吧产业的管理重点是对其准入以及经营过程合法性的规制。例如"未成年人不得进入网吧，严禁网吧超时经营，上网实名制"等。从网站内容管理上来说，需要优化管理流程，进行互联网文化信息分级——推荐信息与不良信息（或称过滤信息），加强对不良信息网站的实时监控，采用技术手段将其过滤掉，给网民创建一个良好的网络生态环境。从网络游戏产业管理方面来说，需要在明确分类标准和分级标准基础上确立管理方式，即针对网络游戏目的与价值的不同进行分类，对不同分类的网络游戏进行分级，设置级别指标，有针对性地进行内容审查，以此确保互联网文化产业的各个业态都能获得健康发展。

（三）"制约平衡"是互联网文化产业治理现代化的运行法则

从生态学视角来看，互联网文化产业生态系统平衡是在相对稳定的条件下，系统内各要素间相互影响、相互制约协调的一种良好状态，其目的是通过各个参与主体的协同互动实现互联网文化生态平衡，而制约平衡的实现则有赖于遵循

"求同存异"的逻辑。所谓"求同",是指互联网文化产业是多元融合的产业,不同业态之间可以寻求相互协同的文化基因与政策支持,扩大信息、技术、人才和设备等资源共享的空间,并通过自身发展的辐射效应将互联网文化产业链条拓展到其他产业领域;所谓"存异",是指不同地区依托的文化背景、市场条件和文化资源具有差异性,即使在同一网络空间,互联网文化产业的发展也具有不同区位优势和劣势。由此,互联网文化产业治理应考虑在发挥本土特色基础上,推动原创互联网文化产品的创作、生产与流通,推动"差异化"特色领域优势的形成,并通过制定"差异化"的政策导向配套互联网文化产业发展的不同阶段。

第二节 互联网文化产业治理现代化的内容体系

互联网文化产业治理现代化的目标是催生创新与创意,发展与共建绿色互联网文化生态,推动互联网文化产业快速健康成长。但实现的真正途径不是解除原有管理模式束缚和打破规矩这么简单,而是要给老游戏设立新规则,将传统管理模式和新治理体系融合。基于互联网文化生态环境的开放性,互联网文化产业治理现代化的内容应与产业发展的内在机制,与互联网文化产业重点行业的迫切诉求相一致。基于此,互联网文化产业治理现代化的内容架构包括对互联网文化内容、互联网文化产业运营、互联网文化产业知识产权保护(网络文学、数字出版、网络动漫、网络视频、网络音乐等产业尤为突出)与网络信息安全等关键问题的治理。

一、互联网文化内容的治理

在整个的互联网文化产业生态系统里,对互联网文化内容进行治理是首要的方面。当然,这主要是基于互联网文化产业的文化属性与意识形态特点,其目的是确保互联网文化生态的健康有序和实现社会效益。

从互联网文化产业的强势行业来看,内容治理的范畴主要是:对网络游戏产品的内容审核，对网络游戏内容原创的鼓励；对网络动漫作品内容的审核，以及对网络动漫原创的扶持；对门户网站所提供的新闻、信息服务等网络资讯和网络视频、网络电视（IPTV）内容的规制带有色情、暴力等内容的网络信息在互联网国际出入口的过滤，以及鼓励健康互联网文化内容抢占网络空间；对移动互联网内容的管理；对网络文学内容的审查以及对原创文学的支持与扶持；对数字出版内容的审核与管理等。从政策导向来看，强调对互联网上播放的自制剧内容的审查管理，防止出现"低俗、格调低下、渲染暴力色情"的内容，鼓励制作"体现时代精神、弘扬真善美、人民群众喜闻乐见的网络视听节目"，意味着国家对互联网文化企业自制内容治理力度的进一步加强。虽然一定程度上强化了互联网文化经管单位作为治理主体的角色与定位，看似是政府管理部门下放了部分管理权限给互联网文化企业，但对"建立健全内容管理制度、设立专门的内容管理部门"的强调与"保障互联网文化健康快速发展"的定位，实际上说明对内容审核与治理的强度反而是提升了。此外，针对网络文学领域出现的数量多、质量低、抄袭模仿、内容雷同、侵权盗版等发展瓶颈，强调"繁荣文学创作，引导文艺创新，以中国精神为灵魂，以中华优秀传统文化为根基，始终把创作生产优秀作品作为中心环节，推出更多人民喜闻乐见的优秀作品"……可见，对互联网文化内容的治理的目标不是规制，而是引导与鼓励互联网文化产业实现健康、可持续发展。

此外，基于传统治理范畴的考量与互联网文化的无孔不入，互联网文化内容的治理还涉及对网络政治活动、网络经济活动、信息技术领域、网络教育领域、移动互联网内容等，其最终目的都是为网民和全社会提供安全而健康的互联网文化产品与服务，迎合互联网文化产业跨界发展与互联网文化大管理框架的现实需要。

二、互联网文化产业运营的治理

互联网文化产业运营的公共治理主要是对互联网文化产业运营的准入和退出机制的管理，确保稀缺性互联网文化资源配置的效率及对互联网文化市场的管理等。从行业上可以分为以下七类：

一是对网吧准入和运营的管理和规制。主要侧重对黑网吧、违法违规接纳未成年人、超时营业，以及利用网吧传播反动、迷信、淫秽色情信息等的规制，还有推动网吧产业的连锁化、规模化、健康发展。

二是对互联网服务提供商与运营商的准入、运营、归口管理。在运营商方面，主要是中国电信、中国移动与中国联通三大电信运营商，在内容提供商方面，既包括视频内容制造商、网络电影制造商、网络音乐制造商等新兴的互联网文化内容提供商，又包括传统的电影、电视、图书出版等内容提供商。在治理层面，主要侧重对市场准入及公平、规范、有序的市场竞争秩序的打造。

三是对网络游戏产业准入和运营的管理。主要针对以腾讯、网易为代表的网络游戏公司，侧重对网络游戏运营的合法性、自审制度、用户实名认证、网络游戏虚拟货币管现、经港过程中的"外挂与私服"行为及版权的保护和治理。

四是对网络动漫产业的准入和运营管理。既包括传统动漫企业借助网络平台进入互联网发行推广领域的网络动漫行业，又完全依靠互联网技术的网络动漫企业的准入与运营管理。在治理上，主要侧重对动漫原创的扶持、对网络动漫版权的保护及对动漫产业衍生链的管理与规范。

五是对网络出版物发行的管理。主要侧重网络出版服务许可、网络出版内容合法性，以及对侵权著作权的治理等。其中，根据《互联网出版管理暂行规定》，网络出版物主要涉及互联网图书、互联网报纸、互联网杂志、互联网音像出版物、互联网电子出版物、手机出版物、互联网学术出版物、互联网文学出版物、互联网教育出版物、互联网地图与互联网游戏出版物等。

六是对网络电视、网络电影、网络视频、网络音乐运营的准入管理以及网络化影视制作等内容生产的管理。

七是对网络聊天、BBS、博客、社交网站等的准入与运营管理等。从技术维度来看，主要涉及网络基础设施与标准化管理、互联网地址域名资源管理、域名和商标的纠纷仲裁、服务器主记录管理权限以及域名管理中的其他问题等。通过行业维度与技术维度的双重治理，形成一个优势互补、相互匹配的治理体，实现核聚变式的 1+1>2 的协同效应，优化互联网文化资源的有效配置，确保互联网文化市场的公平、开放和有序。

三、互联网文化产业知识产权的治理

政府需要在互联网文化产业核心发展要素中添加一些东西加以强化规制，互联网文化产业知识产权首当其冲。按照莱斯格的观点，在互联网文化空间，版权法可以保护源代码，这与互联网文化产业产品的版权属性高度吻合，但实践中必然要求相关法律、法规的制定公开、透明。

实质上，互联网文化产业知识产权保护的背后是经济效益与社会效益的双赢：就社会效益而言，可以有效保障版权主体的合法权益，创造一个鼓励创新与创意的社会氛围，长此以往形成一个保护知识产权的良性循环生态环境；就经济效益而言，可以发挥互联网文化产业链"原创集聚端的产业"的全效益，激发市场主体的创新活动、增强互联网文化产业知识产权的市场绩效。之所以能增强市场绩效是因为知识产权保护的价值是通过使用效率来决定的，如网络游戏的版权价值在于网游玩家的使用频度，网站信息的价值在于点击率等。

近年来，网络游戏产业领域"私服""外挂"等侵权问题频出，网络视频产业、网络文学领域、网络音乐侵权越演越烈……互联网文化产品和服务在互联网文化市场流通时所产生的知识产权侵权和保护问题需科学处理：既要加快出台互联网文化产业相关的知识产权保护政策、法规，也要加强对网络盗版的打击力度，同时政府和企业要加强版权保护的信息技术支持，提高知识产权治理的效率。

此外，版权授权方式的多元化推动着互联网文化产业的结构成型，知识产权保护成为互联网文化产业获得可持续发展、繁荣的命脉，这就需要政府在互联网文化产业知识产权治理过程中体现激励性、协商性，以及与传统管理模式的互补性，构建一个新型的治理机制。特别是数字出版、网络文学、网络视频、网络游戏、网络音乐、网络动漫等行业亟须提升对互联网文化版权的重视，提高版权保护的意识与保护水平。

四、互联网文化信息安全的治理

网络信息安全问题不只对互联网文化产业自身产生影响,其越演越烈的态势使其上升到国家或国际安全的战略角度。对互联网文化产业也意义重大,助推着互联网文化空间的净化,并真正提升我国的国家互联网文化安全。一方面,说明我国已进入世界互联网大国的行列,不仅在互联网用户规模指标上稳居世界第一位,而且在全球十大互联网公司中,我国有四家互联网公司进入;另一方面,从首届世界互联网大会的主题"互联互通,共享共治"以及突出"互联网安全"的议题中可以看出,我国在互联网治理与互联网安全问题上任重而道远。特别是美国"棱镜门"事件凸显出网络安全的全球性与维护本土互联网文化安全的迫切性,直接推动互联网文化安全问题上升到国家安全层面。

一是信息基础设施安全。对以繁殖力强、潜伏期长、破坏力大为典型特点的网络病毒、网络黑客入侵和蓄意攻击,以及通过间谍软件进行网络间谍活动等网络犯罪实施"查堵系统漏洞、审计跟踪、依法打击"等方式的防范与规制,对以攻击信息为基础设施、以毁灭性破坏为特征、以造成社会混乱为目的网络恐怖主义进行治理等。

二是企业与个人数据信息隐私权的安全,包括对网络谣言、网络暴力、侵犯个人数据信息与虚拟财产的网络犯罪等行为进行治理。例如,美国政府实施的"棱镜计划",对网民和全球监控的内容涉及电邮、即时消息、视频、照片、存储数据、语音聊天、文件传输、视频会议、社交网络资料等,都属于对个人数据信息隐私权的侵犯。

三是可以通过公共治理缩小数字鸿沟。虽然网络时代的信息传播速度和渠道大大增加,但核心技术仍难以与发达国家共享,即使区域内也存在数字鸿沟,因此要提高我国互联网文化产业的竞争力、提高我国互联网文化安全系数与应对互联网文化安全危机的能力。实际上,网络信息安全公共治理的最终目标是创造一个良好的产业发展生态环境与健康的网络社会,实现本土互联网文化产业的正常运行与文化软实力的持续提升。

在互联网文化产业崛起、管理问题频出的大背景下,完善互联网文化产业公共治理的内容体系,利用技术创新、制度创新的协同,建构一个具有技术效率、配置效率与制度效率的公共治理保障框架,有助于实现互联网文化产业的快速、持续良性发展。下面基于技术创新、制度协同创新的互联网文化产业治理现代化体系进行分析。

第三节 基于技术创新的互联网文化产业治理现代化机制

一、基于技术创新推动互联网文化产业管理体制改革

从技术创新视角审视互联网文化产业管理体制改革,既是突破原有单一视角弊端的选择,也是适应互联网文化产业快速发展态势的必然趋势。很长时间以来,我们从市场视角追溯互联网文化产业管理体制改革,审视改革的必然性,很大程度上是基于互联网文化产业的发展经历看计划经济向市场经济的转变,或者说是市场经济带来的必然结果——互联网文化产业管理的相关制度的出台,管理体制的变革主要是基于市场经济体制下互联网文化产业快速发展过程中出现的瓶颈、带来的一些负面社会影响,以及市场主体结构变革的客观要求,以此通过改革破除互联网文化产业市场化进程的障碍。

其实,除了市场化这个维度,我们还忽略了互联网文化产业的最大特性,即它的发展、繁荣很大程度上依赖技术创新的现实,技术创新驱动牵引了互联网文化产业管理体制改革,这是不能忽视的重要维度。新技术发展对互联网文化管理体制变革提出更高的要求。技术的进步带来互联网文化产业新业态的出现,内容和运作模式等全方位、全要素的创新,客观上提出了互联网文化产业管理体制改革的诉求。

一方面,要积极释放战略性制度的"绩效",解放、开发互联网文化生产力,适度让渡互联网文化产业空间,推动互联网文化产业业态更新与发展;另一方面,

要摒弃"管制"理念,以"绩效"为导向,消除互联网文化产业发展中的刚性体制阻力,充分发挥原有体制中文化相关部门人才要素与资源要素集聚优势,增强服务功能,彰显市场机制优势,实现体制内外优势资源的整合和共赢,推动互联网文化产业的健康、快速发展。

按照创新的 S 曲线理论,随着资源的投入,不同阶段都有创新时机,在各个 S 曲线衔接转换的不连续期,新技术、新知识、新产品及新制度更为频繁,更为活跃。鉴于此,对互联网文化企业而言,要掌握创新机会;对政府主体而言则是要变革现有管理体制(进行政策资源的投入和管理组织重建),根据互联网文化产业不同发展阶段的特点(我国互联网文化产业正处于快速的成长期)和产业发展趋势,抓住契机,创新现有互联网文化产业管理方式、管理组织、管理制度,为互联网文化产业提供更好的发展机会。

二、基于技术创新推动互联网文化产业管理链向绩效链转变

从技术驱动维度来看,互联网文化产业的治理现代化体系应是一个系统的链式体系,涉及要从技术驱动维度重审管理理念、管理组织、管理政策、法规体系,要由原有体制下的"管制链"向新体制的"绩效链"转变。

(一)创新管理理念破除管理体制的滞后性

随着网络技术加速向宽带无线智能化方向发展,高性能计算机向计算机密集和海量方向发展,软件系统向网络化、智能化和高可信阶段迈进,互联网文化产业将通过技术创新的重大突破催生新一轮的产业繁荣,并创造新的制度需求。鉴于此,在这技术塑造产业的时代,管理体制的深化改革需在理念层面进行突破。

一是从管理理念上要树立以技术创新驱动互联网文化产业管理体制改革作为互联网文化产业发展的战略资源性力量,改变管理体制改革步伐远远落后于技术创新的现实,构建前瞻性、预见性为基准的互联网文化产业管理体制改革框架,实现"制度塑造产业"的航标。

二是要树立"公共治理"理念,科学配置互联网文化管理资源,基于技术创新与体制创新互动逻辑,发挥互联网文化产业轴心管理制度和改革推进机制的作用,培育多样化的互联网文化市场主体与多方协同治理主体,全面释放互联网文化产业的集聚效应和联动多赢效应。

三是树立双效益理念,即互联网文化产业管理体制改革要立足考虑不同互联网文化产业形态的特点,以及其对社会精神文明、社会发展的影响度,在互联网文化产业发展与管理过程中对经济效益与社会效应进行共同考量。

四是分类管理理念,需立足于互联网文化产业非竞争性与竞争性之间的行业性质差异,基于"行业分类管理"理念,重点对互联网文化产品内容、互联网文化从业者资格和资质、互联网文化生产服务技术标准及互联网文化生产服务行为规范进行内容分级和分类管理,提高管理绩效。

(二)优化互联网文化产业治理的组织架构

基于技术的开放性,需对现有互联网文化产业管理部门进行优化整合,建立专业化、统一化、高效化的互联网文化产业管理机构,高效配置互联网文化资源,把原有政府部门垄断下的资源共享过渡到社会化、网络化、信息化的资源平台上,努力提高各级政府对互联网文化产业的调控与管理功能。互联网文化产业管理的趋势,将是基于技术创新规律与趋势把握互联网文化产业发展规律,形成以政府为引导、企业为主体、市场为导向、网民参与的互联网文化产业公共治理框架。

第一,政府需立足于国家利益需要、服务于新兴互联网文化产业,从微观管制中退出、强化综合管理职能、弱化行业管理职能,给予互联网文化产业发展更多的优先权。加强互联网文化产品载体建设,优化互联网文化资源配置,并通过"服务、协调、监督"等多元化方式推动互联网文化产业管理的体系化、规范化、法治化。

第二,互联网文化企业应成为互联网文化市场中自主经营、自负盈亏、自我发展、自我约束的文化生产主体、创新主体与管理主体,在一个日益开放式的跨部门、跨行业、跨领域中跨界发展。

第三,第三方组织在要求政府"放松规制"的同时,应建立互联网文化产业管理部门间的沟通协作机制,吸纳从政府、企业释放掉的部分职能,承担起互联网文化产业行业管理与行业自律、互联网文化市场管理与监督的部分职能,呼吁互联网文化企业考虑社会效益,合理、有序实现经济效益等在规范经营、规划指导产业发展、行业自律、行业协调等方面的作用,从而形成一个除了有权威的政府为文化市场设立规则并保护其运行,还有互联网文化企业、第三方组织、网民等不同主体参与和监督的,政府、市场、企业和社会间相互协调的组织架构,以此提高互联网文化产业管理绩效。

(三)推动互联网文化产业管理组织的扁平化

技术创新是一个系统工程,是建立在平面上的网络链式关联。技术创新为互联网文化产业管理提供了低成本、高效率的多元主体沟通协调和公共治理平台,是客观催化互联网文化产业管理体制改革的加速器,在驱动互联网文化产业革命性变革的同时,呼吁管理部门成为一个完全致力于创新驱动的新管理组织。鉴于此,应积极搭建高效型、服务型的互联网文化产业管理组织,实现结构的扁平化,减少决策环节,提高管理与服务效率。

第一,基于网络技术发展的多元化,在管理内容上,要从直接的市场准入审批和价格管制转向管理竞争者的资质管理和行为监督,加强互联网文化产品内容与质量的监管,通过制定"限定性标准"(禁止性底线要求),提高管理绩效,减少互联网文化生态污染,提高管理质量。

第二,管理组织扁平化需要响应"互联网文化企业呼吁改变现有的金字塔式文化管理结构,减少管理组织层级、提高反应速度"的要求,积极进行行政审批制度改革,优化行政审批管理方式,大力推行互联网文化产业领域的"一站式"审批和"网上审批",减少行政许可和前置审批项目,提高行政效率和服务水平,降低文化市场主体运营成本。

第三,管理组织的扁平化与技术创新的开放性与融合性是一脉相承的,需充分利用网络管理信息系统等支撑体系的建设,集聚管理资源,搭建互联网文化产业管理协调融合平台,以及技术支撑的互联网文化产业发展预测平台,最大化地实现"制度绩效塑造产业发展"的管理目标。

毫无疑问，仅仅依靠政府是不可能彻底解决互联网文化产业发展过程中的所有问题的，要破除部门垄断、行业垄断、地方保护等互联网文化产业发展的障碍，建立多部门构成的协同治理机制，以及由互联网文化企业、第三部门、媒体、社会公众等多元主体形成的互联网文化产业管理的协调融合机制，快速反应，协调推进，让渡产业空间，提高管理水平。

（四）利用技术创新增强互联网文化产业制度的前瞻性

哈威·费舍曾将数字化比喻为"一场温和的革命，第一时间渗透到人类活动的所有领域并展示出彻底和不可遏制的爆发力"。建立具有前瞻性的统一化的互联网文化产业法律、政策支持体系，是实现互联网文化产业整体发展目标的重要组成部分，是催生互联网文化产业管理绩效的制度保障。

第一，要推动互联网文化产业核心层的制度突破，创建预见性制度安排，提高发展互联网文化产业的前瞻性、积极性与驱动力，积极培育能够引领未来经济增长的新兴互联网文化产业业态，从而带动增长质量与效率的提高。在法律、法规层面，虽然以宪法为核心、以文化法为主要内容形成了横跨行政法、民法、商法、经济法、社会法、刑法和诉讼法等多部门多层次的规范体系，但关于互联网文化产业方面的法律、法规较零散，在国家层面要加快制定并出台专门的互联网管理法规，提高法治化水平；在区域层面，要积极出台配套实施体系。

第二，根据技术宽泛性带来的网络侵权等困境与管理制度的滞后性缺席不匹配的显性维度，基于技术创新要加快互联网文化产业版权保护制度的出台，积极利用云技术搭建互联网文化产品产权交易平台与版权分成平台，为互联网文化企业版权保护、产权交易等提供高效、便捷和规范的服务，从而增强互联网文化企业创新的动力与能力。

第三，随着技术创新步伐的加快，互联网文化市场新问题、新情况层出不穷，要从调整、规范互联网文化市场的角度完善互联网文化产业政策，调整互联网文化市场主体行为和不同互联网文化市场主体之间的基本关系；规范互联网文化主体的市场准入、市场竞争秩序，规范互联网文化市场经营交易行为，培育竞争力强的互联网文化产业市场主体;积极完善互联网文化产业领域相关的技术创新政策,充分发挥新技术优势,谋取互联网文化产业新的竞争优势;同时,还需制定培育互联网文化产业成为战略产业的政策,制定引导创新要素向互联网文化企业集聚的政策,创造一个全新的互联网文化市场,提高互联网文化产业的国际竞争力。

三、积极应用最新技术提升互联网文化产业治理现代化水平

基于技术创新驱动推进互联网文化产业治理体系的优化,是对利益关系的重塑与激励方式的创新,是由"管制链"走向"绩效链"的过程,是一个系统工程。毋庸置疑,科技创新的重大突破将倾覆性替代原来的文化产业形态,推动新一轮互联网文化产业业态的出现、变革和互联网文化产品的创新,并形成互联网文化产业发展的新格局,互联网文化产业治理体系不仅要适应这一变革,充分发挥技术创新对互联网文化产业管理体制变革的前瞻与启发作用,还要主动打造治理体系的"绩效"来推动新产品开发、产业升级,催生、引领互联网文化产业领域的革命性变革。

要积极运用最新的移动通信技术、物联网、云计算等技术服务于互联网文化产业发展。新一轮科技创新意味着互联网文化产业新的竞争制高点,势必对构建前瞻性的互联网文化产业治理体系提出新的要求,这就需要深谙最新技术创新的运动轨迹,研究新技术可能带来的互联网文化产业新趋势、新规律、新动向,积极出台前瞻性的政策、法规指导我国互联网文化产业的发展;同时,需根据互联网文化内容的选择、编辑、呈现方式等所展现的技术性与特殊性,在进行互联网文化信息评价、选择、组织与内容管理工作方面要进一步提高技术控制水平与治理水平。毫无疑问,技术创新介入将是互联网文化产业治理体系不断优化的关键要素。

在技术创新主导的大背景下,我国互联网文化产业正在经历产业成长期向成熟期的转型,在这一时期,需要积极研究并遵循互联网文化产业高新技术创新演化的机制,从制度层面挖掘、释放高新技术对互联网文化业态创新、互联网文

化产品/服务创新、运营模式创新、版权创新的主导性与启发效应，可持续地提升我国互联网文化产业的竞争力。

鉴于此，要基于技术创新促进互联网文化产业制度创新。不断发展的技术不仅是互联网文化产业缘起的关键因素，也是互联网文化产业永续提升的保障。政府应深谙并遵循技术导向的互联网文化产业演化机制，积极出台具有前瞻性的互联网文化政策与技术政策，建立起"产学研"相结合的文化技术创新体系和互联网文化科技产品版权保护制度——优化互联网文化与技术融合的外部环境，构建公共网络技术平台与文化科技融合平台，形成支撑互联网文化产业发展的技术保障体系，推动高新技术与互联网文化产业的高度融合。此外，应积极培养适应网络技术环境的文化技术人才、数字软件与创意设计开发人才与网络安全技术人才，鼓励互联网文化企业联合开发高端共性技术与关键技术，掌握自主知识产权，提高科技创新带来的协同效应，加快推动互联网文化产业的技术升级与竞争力的增强。

第四节 基于制度创新的互联网文化产业治理现代化机制

制度创新是产业发展的关键引擎，对产业的未来发展产生着深刻的影响。互联网文化产业成为我国十一大重点行业之一，并提出"提高互联网文化产品原创能力与文化品位，进一步增强互联网文化核心竞争力"的目标。在这一制度性保障基础之上，互联网文化产业进入稳健发展的新阶段，成为实现我国文化产业跨越式发展目标的关键环节。实际上，有效的制度是一种重要的稀缺性生产性资源，互联网文化产业的发展需创造一个良好的制度环境，建立一个具有前瞻性和预见性的产业管理制度，实现互联网文化产业的预期发展目标。

我国互联网文化产业制度创新需要做好以下三个方面的工作：一是要明确制度创新的原则；二是要掌握制度创新的规律；三是实现互联网文化产业治理现代化的全局性与前瞻性。

一、互联网文化产业制度创新的原则

任何一项制度都是从实践中来,最终又需要经过实践检验的,其生命力在于根据变化的情况及时进行修改、补充乃至创新。但制度并非总是有效率的,制度的僵化和惰性往往会长期存在而导致制度无效的结局。伴随互联网文化产业的快速崛起,现有互联网文化产业发展并没有摆脱制度本身的困境。

互联网文化产业制度是关于互联网文化产业层面的制度安排和制度设计。它作为文化产业管理制度的系统,主要是以互联网文化产业作为管理和规范对象,以互联网文化产业的特殊性为制度制定逻辑起点的互联网文化产业政策、互联网文化法律、法规等的集合。互联网文化产业的管理取向的达成要随着历史进程的推进洞察互联网文化产业的发展趋向,对互联网文化产业管理制度进行动态调整和创新,而互联网文化产业管理制度的完善又将为产业的发展提供切实的制度保障。

就目前互联网文化产业制度来看,基本上是在不扰动原有制度结构基础上进行的,是新旧文化制度的并存,由此决定了我国互联网文化产业管理制度的创新路径是由"增量"到"存量"的渐进路径,是渐进地释放互联网文化产业的经济效能,却忽视了开放性的互联网文化产业发展空间的不断拓展。因而,当增量式的制度创新进行到一定程度,而不能再仅通过增量方式来实现推动互联网文化产业发展的时候,存量式制度创新就会成为互联网文化产业发展的诉求与推动互联网文化产业跃进的催化剂。

建筑于技术创新基础上的互联网文化产业发展具有开放性、动态性等特征,互联网文化产业管理制度需要适应这一特征,关注制度创新的前瞻性、关联性、多元性与双效性。

(一)前瞻性原则

在网络时代,信息流动加快、技术更新周期越来越短,网络所带来的不确定性提高,使得互联网文化产业的预期增长与非安全性问题增生同步,客观上要求互联网文化产业管理制度必须随着技术的进步,出台具有预见性的政策、法规,但就制定主体来说，制度出台存在时滞效应：一是认识时滞，即从问题产生到纳入日程需要一段时间；二是决策时滞，从认识到某一问题到得出解决方案需经过讨论、争论、否决等；三是执行与生效时滞，从政策公布到付诸实施以至引起市场反应需要一段时间。这些时滞性客观决定了互联网文化产业管理制度的滞后性，这就要求政策、法规制定者应根据互联网文化产业特性及其发展需要，以超前的眼光，跟踪互联网文化产业发展的最新动态，及时修正现有制度，发挥"引导、支持、鼓励、规范和保护"互联网文化产业健康发展的制度效能。例如，及时调整、修正已有的出版、电影、广播电视、音像管理等条例，将对数字出版、数字电影、数字电视、网络电视、网络音乐的具体管理纳入条例中；面对手机新媒体承载越来越多文化功能的现状，应加快在原有通信管理政策中添加新条款，增加对手机短信内容、手机电视电影、手机报纸、手机诈骗等进行规制的条款，变被动为主动，确保所制定制度的前瞻性。

（二）关联性原则

互联网文化产业管理制度是一个完整的政策、法规系统，处于一定的内外环境之中，不断地与互联网文化产业发展的内外部环境进行着互联网文化信息与能量的交换，而这一系统的维持和畅通就需考虑政策、法规间的相互协调、相互补充，关注互联网文化产业各个业态的共同发展和长远利益的实现。实际上，互联网文化产业政策在不同时期和同一时期有不同的政策群，即互联网文化产业制度的关联性表现为互联网文化产业制度涵盖着历时态的互联网文化产业政策群和共时态的互联网文化产业政策；而且，互联网文化产业政策群内的任何一个子政策或政策、法规要素的变化，以及各政策间的协调可否都会影响互联网文化产业管理制度效能的发挥，这种相互关联的特质共同构成了互联网文化产业制度系统的关联性。因而，针对关联性原则，互联网文化产业制度在制定和实施过程中要纠正关联性偏差，纠正互联网文化产业制度存在的非连续性，以及共时态互联网文化产业制度内的离合现象。

(三) 多元性原则

一种制度安排的功能会强化另外一些相关制度的功能，从而在制度之间产生一种功能放大的协同效应。多元性成为数字技术导向下互联网文化产业制度建构的价值取向，它不仅指管理制度的多元化、制度间的互动，也指管理主体的多元化。制度多元性的目标需力图把互联网文化产业涉及的内容控制在其制度规范区域内，而不是让数字技术的发展冲破现有法律、法规、政策的制约。技术耦合推动着互联网文化产业制度创新走向多元化互动式电脑网络的指数增长，创造了互联网文化产业的新形式，塑造了新的产业制度，推动着互联网文化产业管理制度走向多元融合，这就要求我们面对互联网文化产业出现的种种问题，不要"脚疼医脚、头疼医头"，而需将其作为一个完整的系统，预见或发现互联网文化产业发展过程中显性或隐性的问题，及时制定相关的法规、政策，并通过多元制度间的互动而不是相互排斥来实现管理的目标。

(四) 双效性原则

互联网文化产业是经济属性与文化属性的综合体。这一特质决定了互联网文化产业制度创新既要考虑一般产业的发展规律，还要考虑文化属性。从一般规律来说，要确保互联网文化产业制度创新与文化生产力、文化需求变动趋势及互联网文化产业结构变动趋势相一致，必须考虑市场经济发展的内在逻辑和互联网文化市场还不成熟的现实，将制度建立在互联网文化建设的现实基础上和可接受的范围内。从互联网文化产业的特殊规律来说，不同发展阶段决定了互联网文化产业制度的阶段性，即制度的制定必须符合不同阶段互联网文化产业发展的特点才能获得最佳绩效。如在发展初期，政府应实行扶持性管理制度；到了互联网文化产业发展的成熟阶段，制度的重点可以过渡到维护互联网文化市场竞争秩序、促进互联网文化产业结构优化、集约化和高级化等。在信息时代，互联网文化产业的发展、形态变换周期越来越短的现实要求互联网文化产业制度创新一定要根据其发展周期的变化，进行及时、同步的调整，防止政策滞后成为互联网文化产业发展的障碍。综合来看，互联网文化产业制度创新在尊重产业发展规律的同时，还要尊重文化特有的规律，大力发展积极向上、健康有益的先进文化和传统的优秀文化，弘扬社会主旋律，加强民族凝聚力，建构起深厚的精神文化信仰，并最终落脚于满足人们的互联网文化需求、提高人们的精神生活品质。

二、互联网文化产业制度创新的三大规律

（一）周期性创新机制：互联网文化产业制度创新的时间维度

自互联网出现以后，互联网文化产业相关政策陆续出台实施。这一创新趋势伴随着互联网文化产业新问题、新形态的出现而继续延续，形成了创新的周期性规律，表现为互联网文化产业管理制度创新的阶段性与周期性波动。

（二）先导性创新机制：互联网文化产业制度创新的产业维度

首先，对互联网进行管理和确保网络安全问题是互联网管理的基础问题，也是互联网文化产业得以生存、延续的根本前提，因而国家在此方面制定的政策、法规数量最多。互联网出现前后，网络安全方面的管理制度陆续出台。此外，域名管理和IP管理制度也相应出台，确保了互联网文化产业发展的有章可循。当然，关于法律管理问题和安全问题的制度已经很多，在未来的制度创新方面应该有两个发展向度：一是朝着效力更高的立法层面发展；二是向全面化、系统化的管理制度层面发展。

其次，网上运营管理方面的制度创新主要体现在上网服务经营场所的管理政策法规层面。我们知道，在网上驰骋需有一定的上网场所，这就涉及一个关键行业，即网吧行业。在此方面，国家颁布实施的政策几乎围绕治理网吧问题而展开。网吧治理的相关政策导向中的"进一步""深化"等词，足见国家对网吧产业规制的力度之大。究其原因，网吧是青少年玩网络游戏的重要场所，沉迷网络、网游成瘾问题引起学生家长、媒体和社会各界的普遍关注，导致网吧问题同样备受关注，于是在制度层面表现为一系列规制网吧的政策、法规的出台。此外，随着人们生活质量的提高和互联网的普及，越来越多的网民家中安装宽带而不需要到网吧上网，这个状况的持续将会导致未来网吧发展的前景出现变化。

再次，网络内容管理制度创新是政府关注的焦点。互联网文化产业从文化属性来讲，涉及社会精神文明建设和国家上层建筑，必须确保将安全、健康的互联网文化内容提供给社会公众。

从次，网络游戏产业管理制度创新问题近些年成为焦点。网络游戏产业迅速崛起并因其受众对象的独特性而备受关注，毕竟祖国的"花朵和未来"是我国网络游戏产业的主要受众群体，如何提供给他们健康有益的网络游戏产品，如何从政策导向上引导他们合理、科学地利用网络游戏就上升为具有战略意义的问题。实际上，随着网络游戏产业向前推进，相应的问题还会不断爆发，关于网络游戏的负面舆论不会减少，因而这些都将决定着网络游戏产业管理制度创新问题会成为未来制度创新的焦点。

最后，在网络出版及多媒体这一分类里，虽然政策、法规数量众多，但它涉及网络出版、网络音像制品、网络影视、网络音乐、网络视频等构成的网络视听业等，具体到单独的行业，制度数量就比较少了。互联网文化产业形态日益多元化，相关管理制度却尚未系统化，这些不完善或空白之处决定了其是未来制度创新的关注焦点。

综上所述，关于网络安全与管理的制度，上网营业场所的管理制度已经基本覆盖、满足现有的管理目标，因而进行制度创新的空间比较小，主要是提高治理的效力；网络内容和网络游戏产业则将会伴随问题的增多和网络游戏产业的大发展而成为管理制度创新的先导；网络视频、网络影视、网络音乐等新媒体产业作为新生态，在发展初期势必会出现诸多与预期目标不相吻合的问题，同样会成为管理制度创新的战略重点。此外，知识产权制度创新问题必然会成为未来制度创新的重点和亮点。

（三）动力转向机制：互联网文化产业制度创新的权变维度

根据动力规律，在正常情况下动力会沿着位移、速度、加速度随着原有力的方向呈现增大趋势，动力响应的位移放大系数、速度放大系数以及加速度放大系数都影响着动力的方向和极值区的走向。如果将此理论移植到互联网文化产业制度创新层面，从互联网诞生之日起到21世纪之前，互联网文化产业的发展还非常缓慢，因而在这个时期，相关互联网文化产业制度的出台是一种被动的应对型的而非预见性、主动性的制度。后来，互联网文化产业制度创新的动力大多还伴随着互联网文化产业向身发展、社会舆论等外界力量的推动而做出客观反应，但可喜的是开始尝试主动的、积极的管理制度创新。也就是说，互联网文化产业制度创新的动力转向是与技术创新、互联网文化产业发展诉求、社会要求紧密联系在一起的。

基于此，在已有的互联网文化产业制度基础之上，在对互联网文化产业把脉日益准确的前提下，未来的互联网文化产业制度创新应该建立在研究互联网文化产业发展规律，预测互联网文化产业发展的未来态势的基础上，主动、积极地为互联网文化产业健康发展做出预警性制度安排。基于技术创新的互联网文化产业制度的建构，需注意网络技术创新与文化产业制度创新间的逻辑关系，寻求、扩大两者的协同关系至整个制度创新与技术创新的过程，充分利用新技术，加快制定应对互联网文化产业新情况、新难题的政策与法律、法规。根据不同的时期与发展阶段制度创新与技术创新关系的差异性如下：在新技术刚诞生时，一定要加快出台新的保护或激励制度，及时弥补制度缺位导致的数字侵权行为，为技术创新和扩散提供制度性保障。在技术创新成长和推广阶段，要根据发展趋势加快前略性制度安排的出台，及时调整、修正已有的网络出版、网络电影、网络电视等方面的政策、法规，使其与互联网文化产业各形态发展的实践状态相统一；面对手机新媒体承载越来越多的文化功能的趋势，应加快在原有通信管理政策中添加新条款，增加对手机短信内容、手机电视电影、手机报纸、手机诈骗等进行治理的内容；针对网络世界非安全因素的增生，应及时增补确保青少年在网络空间健康成长的法律、法规条款，保护其身心健康免受不健康网络内容的毒害。

总之，互联网文化产业制度创新的动力形态，从被动结合型形态，向主动型形态跨越，可以说，这是互联网文化产业制度创新的动力转向规律的必然结果。互联网文化产业发展的无边界特性和网络环境的日新月异将带来制度需求的多元化和多层次性。一方面，政府制定和执行互联网文化产业制度需要保持制度相对的稳定性，为产业发展提供稳定的制度环境；另一方面，还要遵循上述三大制度创新的机制，随着历史进程的推进洞察互联网文化产业发展趋向，对互联网文化产业制度进行动态调整和创新。

三、建构具有前瞻性的互联网文化产业制度体系

（一）加强互联网文化产业制度创新的顶层设计

虽然近些年互联网文化产业制度创新处于高位，但对这些已经出台的制度进行深度分析就会发现制度创新的层次性、权威性缺乏，现有制度中大量存在着"暂行规定""暂行办法"，这一方面是由于互联网文化产业本身还比较年轻，仍处于不断的发展变化中，但同时也说明我们对互联网文化产业尚缺乏顶层规划。然而从发展实践来看，加强互联网文化产业顶层设计、出台权威性法律制度是促进产业健康高效发展的必经之路。加快发展文化产业，加快发展文化创意、数字出版、移动多媒体、动漫游戏等新兴文化产业，对推进全国互联网文化产业日趋稳定地发展起到了重要的作用。

目前，我国互联网文化产业发展正处在关键发展时期，面对全国强势互联网文化产业竞争力的挑战、互联网文化生态演化危机的凸显，以及对互联网文化需求不断攀升的形势，继续推动相关互联网文化政策创新以驱动产业发展，将影响互联网文化产业发展环境和互联网文化市场秩序的风险降到最低，必须立足政策创新加强互联网文化产业制度创新的顶层设计，促进产业健康、高效发展。

（二）建立系统性、预见性的互联网文化产业制度创新体系

在现已出台的互联网文化产业制度中，有很大一部分是"紧急通知""加大查处……的通知"等治理互联网文化产业出现的各种问题的应急性、处罚性管理制度。诚然，此类制度是治理当前中国互联网文化产业乱象之必需，但无疑也反映了目前互联网文化产业治理"头痛医头、脚痛医脚"的简单思维和被动模式。信息技术的突飞猛进带来了互联网文化产业与其他产业的界限模糊、互相融合，也出现了层出不穷的"疑难杂症"。在这种情况下，需将互联网文化产业制度创新作为一个完整的系统，深入分析产业发展的内在规律，充分借鉴先进经验，建构起预见性应急管理的法律体系，探究法律框架体系中的保护性规则在互联

文化产业领域的适用性问题,把互联网文化产业涉及的问题控制在其制度规范的区域内,而不是让科学技术发展冲破现有制度的制约;积极建立起互联网文化产业发展的系统性、预警性制度体系。

(三)保持互联网文化政策的动态性调整与相对的稳定性

其一,由于现行的政策中针对互联网文化产业园区的内容较少,需加强这方面的创新。一方面是对于园区的扶持、集聚的促进;另一方面更为重要的是对目前现有园区的规范。可以说,自从我国加强对文化产业的重视以来,各地园区如雨后春笋般崛起,涉及数字出版、网络游戏、动漫产业、视听产业、软件设计等多样业态,但应该出台相应的规范政策,严格进行产业园区、相关企业的评估,同时对真正符合条件的企业通过进一步税收、租金等优惠吸引其进驻园区,这样才能发挥园区真正的集聚效应。

其二,应出台鼓励、管理互联网文化产业发展的政策,还应做好数据统计、数据库建设和信息及时公开的工作。信息的整合、公布将对产业的研究做出重大贡献,若是政府重视数据的有效统计,将更有利于我国互联网文化产业发展。

其三,完善关于移动互联网的相关政策。目前移动互联网市场在全国来看都很活跃,但市场问题有很多,亟须互联网文化产业相关制度进行规范,促进移动互联网长远有序发展,并提高移动互联网领域在全球文化市场的话语权。

总之,在进行互联网文化产业制度创新时,应充分考虑技术创新、市场创新的情况与趋向,政府部门少加管制,多加引导、扶持,既要有预见性、前瞻性,也要打好稳固的基础,加深版权保护力度,从而为产业发展保驾护航。

(四)利用市场创新构建完善的互联网文化市场管理制度体系

互联网文化市场涉及多个行业,如网络音乐、网络游戏、网络版权、网络视听市场、网吧等。互联网文化市场日新月异,新问题层出不穷,呈现多样化、复杂化特点,应尽快完善有利于互联网文化市场健康、快速发展的政策、法规保障。

一是加快互联网文化市场立法步伐。运用法律手段、政策手段规范我国互联网文化市场,实现互联网文化市场管理的法制化、制治化、规范化。这是协调互联网文化市场各要素关系和促进互联网文化市场繁荣的根本。抓紧出台相关管理办法,对现阶段互联网文化市场的性质、地位、作用、发展趋向、目标,互联网文化产品的生产者、经营者、消费者、管理者各自的权利和义务,管理体制和管理机构的职责等做出明确规定。由于互联网文化市场发展日新月异,适应新业态、新形势与新问题的法规出台明显滞后。需要科学预测互联网文化市场发展趋势,加快出台规范网络游戏市场、网络视频市场、网络版权保护、互联网文化企业投资、税收政策等地方性法规和行政规章;与此同时,需对现有互联网文化市场规范性文件加以清理,将成熟的规章和规范性文件上升为法律等,扭转目前互联网文化市场立法工作严重滞后、管理被动的局面。此外,要完善互联网文化市场执法体系、强化执法力度,互联网文化市场体系的健康、有效运转需要加大执法力度。

二是完善互联网文化市场管理体制,提高利用技术进行宏观管理的水平。理顺互联网文化市场管理体制,加强宏观调控、正面引导与打击、取缔非法互联网文化经营活动相结合,将互联网文化市场繁荣与网络市场管理有机结合,营造一个公开、公平、公正的互联网文化市场秩序。一方面,建立促进互联网文化市场发育、公平竞争、统一有序的大文化市场管理机制。加强宏观调控,优化互联网文化资源配置,清除分割、封锁和垄断互联网文化市场的行政性壁垒,加大对现代互联网文化市场体系的资本支持,积极培育和开拓互联网文化市场。另一方面,提高互联网文化市场管理水平。提高互联网文化市场管理队伍的整体素质,培育一支了解互联网文化市场管理特点,掌握法律、法规具体内容,熟练运用法律知识解决管理中复杂多变的问题,并具备一定文化科学技术的管理队伍,要积极打击网络侵权盗版行为,净化互联网文化市场环境,保护知识产权,积极推进互联网文化市场管理手段的现代化、信息化,应用高新科技手段建构动态网络监控管理体系,实时对互联网文化市场实行科学化管理,由"消防式"管理转变为预防性管理,提高管理效率与管理水平。此外,要构建促使互联网文化市场自我管理的多元协调治理体系。促使互联网文化市场诸行业实现自我协调、自我管理、自我监督,发挥互联网文化业主自律约束机制的作用,引导、鞭策互联网文化从业人员自觉遵守互联网文化市场秩序和职业操守,从源头上进行预防和管理,减少互联网文化市场违法经营活动,规范互联网文化市场行为,优化互联网文化市场环境。

三是完善互联网文化版权制度体系。网络环境的虚拟性、开放性使互联网文化产品得以面向更多的普通大众,同时也给文化产品知识产权维护带来了难度,网络游戏、网络音乐、网络视频、数字出版等盗版、抄袭现象比比皆是,严重损害了互联网文化产品原创开发,不利于后续互联网文化产品的丰富发展。鉴于此,亟须培育一个保护互联网文化版权、尊重知识创造的互联网文化市场环境,企业需建立版权保护意识,提高互联网文化版权保护意识与保护水平,为互联网文化产品创新注入持久生命力、为互联网文化市场的可持续发展提供保障。

四是完善制度体系,不断优化互联网文化市场结构。规范互联网文化市场主体、丰富互联网文化市场客体,满足网民日益增长的互联网文化需求。随着宽带的普及与家庭电脑的日益增多,互联网文化消费水平迅速提高,网民对互联网文化产品和互联网文化服务的数量与质量的需求日益增大,鉴于此,需积极优化互联网文化市场结构,运用市场准入、价格调节、财税优惠等政策,引导各类互联网文化市场主体积极开发多元互联网文化形态,形成多门类、多层次、多类型的互联网文化生产与互联网文化服务体系,满足人们多元化、差异化的互联网文化消费需求,鼓励互联网文化市场主体最大限度地提高互联网文化生产效率与经营管理水平,力求经济效益和社会效益的统一,为互联网文化市场提供内容健康、丰富多彩的文化产品。此外,要不断完善互联网文化要素市场,促进互联网文化产品和互联网文化生产要素在长三角及全国互联网文化市场合理流动,建立统一、开放、竞争、有序的现代互联网文化市场体系。

第五节 基于协同创新的互联网文化产业治理现代化路径

互联网文化产业发展实践中的制度创新与技术创新的非协同状态,影响了互联网文化产业的经济绩效与社会绩效。这也是影响互联网文化产业治理效果的关键。因此,下一阶段,应积极建立基于制度与技术协同创新的互联网文化产业治理现代化体系,全面释放制度与技术协同创新对产业治理与发展的启发与推动效应,真正实现互联网文化产业的健康、高效发展。

一、建立五大主体协同的高效治理与责任控制机制

(一)建构致力于创新驱动与快速反应的多元主体协同治理体制

互联网文化企业是技术创新的主体,政府是制度创新的主体,基于制度与技术协同创新的互联网文化产业治理体系将是和开放性、多态化的互联网文化产业发展协调一致的多元主体协同治理的格局,全力建构起一个完全致力于创新驱动、由政府部门、互联网文化企业、媒体、网民、行业协会等多元主体组成的公共治理体系,在多元主体间的协同与快速反应中实现规范化、公平化、人性化、可持续性的公共治理格局,让渡产业空间,促进互联网文化产业健康蓬勃发展。其中,深化文化体制改革是突破口,要切实转变政府职能,实现从"办文化""管文化"的旧模式向"治理文化"的新模式蜕变。积极转变治理思维,放松规制与实现权力下放,变监管为服务、变强制为利导,立足源头治理与动态应急治理相结合,实现从惩戒刚性的规制性管制范式向规则软性的规则性治理范式转变,引导网民与互联网文化协会组织高效地参与互联网文化产业治理,这是实现互联网文化产业治理现代化的关键。

特别要提升互联网文化企业与行业协会对产业发展与治理的贡献度。一方面,互联网文化企业应加大创新与原创的力度,将技术创新、内容创新、管理模式创新贯穿于整个互联网文化企业生产、运营的各个环节,实现创新与创意的渗透、衍生与循环,提高互联网文化企业创新的产出效率;同时,龙头互联网文化企业应致力于培育一个由文化产品影响文化消费群体的文化心态与文化生态,自觉警惕过度的"市场陷阱",将创意、创新与经济目标导向的实现立足于社会效益与精神价值的基石之上,促进互联网文化产品生产的扩大,将参与互联网文化治理作为互联网文化企业的职责。组织专门的内容管理部门和人员负责互联网文化产品及服务的内容管理,提高互联网文化企业自查与自律。另一方面,行业协会组织应加快完善行业自律制度、提高行业规章可操作性,适时进行社会舆论引

导,在行业与政府之间建立桥梁作用,创建良好的网络社会秩序。

(二)建立五大治理主体协作治理的责任控制能力机制

互联网文化产业治理现代化体系的建立必须依托互联网文化产业相关制度执行能力的实现,要建立不同文化管理部门、行业协会与互联网文化企业之间的协同合作执行机制。互联网文化产业治理体系是一个包含横向、纵向、交叉的错综复杂关系的网络,政府是中轴,要在多元主体之间搭建协调执行机制,落实责任实施与责任控制能力,实现不同治理主体在开放的公共领域内及时进行对话、协商与互动,改变目前管理职能"碎片化"的格局,这是提升互联网文化产业治理能力的关键要素。此外,针对多元主体参与治理的特点,学习网络管理经验,综合运用归属不同治理主体的技术管理、内容传播主体管理、法治管理与道德自律方式的结合,提高互联网文化产业治理的效能。

(三)提升具有多重身份的网民参与治理的积极性与主动性

网民是贯穿整个互联网文化产业链条的活跃主体,既是互联网文化产品的生产主体之一,又是互联网文化消费的最大主体,其文化消费的过程实际上是互联网文化的再生产过程。下一阶段,应积极发挥网民作为生产主体与治理主体的双重身份,强化网民自律与自治,这是实现互联网文化的健康性与互联网文化市场秩序的有序性的关键。鉴于此,一方面,网民要树立互联网文化活动主人翁的意识与观念,改变一味共享、消费网络免费文化与盗版文化的习惯,逐渐培育起消费正版互联网文化的意识与消费理念;另一方面,发挥互联网文化自治与治理的作用,积极参与互联网文化产品的道德评议,不定期对互联网文化企业盗版侵权等行为进行监督,提高互联网文化社区自治水平,改变目前网民参与治理主动性不高的状况。

二、实现制度与技术协同治理动态贯穿互联网文化产业链

（一）构建贯穿互联网文化产业生命周期的新治理机制

实现制度与技术高度融合于互联网文化产业治理的全生命周期。互联网文化产业治理现代化体系应该遵循治理性互赖的路径，要深谙互联网文化产业生命周期的不同阶段的特点配套相应的治理机制，并利用新工具和新技术来掌舵，撬动整个互联网文化产业治理秩序结构的变革，加快进入互联网文化产业治理制度化分权调控的新状态，及时优化互联网文化产业政策、法规制度安排，适应互联网文化产业生命周期的不同阶段，提升互联网文化产业治理的绩效。

其实，在互联网文化产业生命周期的不同阶段，治理主体的角色定位应是差异化的。在互联网文化产业的初始期，政府应强化政策扶持，加强基础设施建设，优化发展的生态环境，为互联网文化产业发展提供一个完善的技术研发、产品开发的基础设施及高配置的通信、网络设备，金融、培训、市场配套，以及稳定的政策扶持、健全的法律、法规等生态环境；在互联网文化产业成长期，政府需致力于提供良好的公共信息与金融服务，构建技术服务平台，打造开放、有序的互联网文化市场体系，以及高效的制度供给，推动互联网文化产业创新网络的形成；在互联网文化产业发展的成熟期，针对互联网文化产业的产业链稳态形成的路径依赖与刚性，政府需在遵循其发展机制与互联网文化企业特性的基础上，推动互联网文化产业领域共性技术与关键技术的革新、产品研发与互联网文化品牌的打造。

（二）建立互联网文化产业价值链的开放式动态治理机制

制度创新与技术创新是互联网文化产业自主创新能力构成的两大核心要素，两者间存在相互促进的"双螺旋结构"。

一方面，需推动前瞻性核心技术在互联网文化产业治理体系的应用，利用与制度创新的协同效应建立全过程的开放式动态互联网文化产业治理体系，并跟

上互联网文化产业技术创新预见性的步伐,站在实现互联网文化产业的产业链的拓展与全价值链增值的动态协同的高度,积极引导、推动互联网文化资源高效整合,并配套互联网文化版权保护等制度体系的建构,发挥激励性政策、法规和规制性政策、法规以及行业协会自治规则的融合效应,从而持续提高互联网文化产业经济效益与社会效益的释放,不断培育、提升政府、行业协会等主体动态治理的能力。

另一方面,开放性与动态性还表现为要搭建跨界协同治理体系,跨领域、跨行业、跨地域整合制度资源,建构一个完全致力于创新驱动的多元主体组成的公共治理制度体系,推动互联网文化产业从规模扩张向内涵发展路径的转变,提高我国互联网文化产业在国际文化市场中的话语权。

三、构建前瞻性互联网文化产业治理制度体系

(一)推动互联网文化产业制度创新与技术创新的协同创新

伴随《国家文化科技创新工程纲要》的实施,科技创新与制度创新成为互联网文化产业发展的重要契机与动力。在此大背景下,应积极释放高科技、新制度融合的优势,利用技术创新驱动制度创新进程,实现制度创新数量制度创新层级、制度创新范围、制度创新强度可技术创新四要素(基础资源、网络要素、网络应用、知识产权)的深度融合。

首先,实现制度创新从数批到质量的跃升。我国互联网文化产业相关制度虽然数量不少,但缺乏高质量真正推动产业发展的制度创新,亟须提高制度层级与可操作性。

其次,要加快构建创新力强的互联网文化产业制度。目前,我国出台的互联网文化产业政策、法规多是在原有制度基础上的延伸。然而,互联网文化产业技术创新本身却具有很强的颠覆性,新技术变革往往带来整个产业的颠覆,因此制度设计者要紧跟互联网文化产业领域技术创新的步伐与日新月异的产业发展态势,增强互联网文化产业制度创新强度,建立颠覆性的、打破传统的制度,发挥制度推动互联网文化产业健康发展的制度效能。

再次，需要增强互联网文化产业制度创新在创新层级与创新范围上与产业发展的协同性，加快互联网文化产业法律、法规的出台。与此同时，随着网络游戏、网络视频、网络电视、社交网站、微博等新行业的层出不穷以及移动新媒体的崛起，应抓紧拓展制度创新范围至新兴领域，配套定制化的产业制度创新。

最后，需加大互联网文化产业知识产权的制度化建设。

（二）以"协同创新"为核心构建前瞻性互联网文化治理制度体系

新技术的应用推动了互联网文化产业业态的更新换代，同时技术应用的宽泛性也导致内容管理状况频出与盗版侵权的泛滥，客观上要求一个与时俱进的互联网文化治理制度的配套。鉴于此，积极释放技术创新对制度创新的启发效益，构建与技术创新相协同的制度创新模式。例如，美国社交网络与智能手机应用软件等新技术的应用，促使美国联邦贸易委员会将法律保护范围延伸拓展至社交网络与智能手机等新业态，要求面向儿童的应用程序与网站须征得父母同意才可以收集儿童的照片、视频、网上行为等相关信息。

同时，创建预见性、预警性的互联网文化产业制度的创新进程将是新一轮技术创新与互联网文化产业崛起的迫切要求。政府管理部门应积极研究互联网文化产业不同行业的发展规律，在已有的管理制度与全面把脉互联网文化产业不同行业发展趋势的基础上，主动、积极地为互联网文化产业不同行业发展做出预警性制度安排，将制度创新的动力形态从被动型、主动被动结合型形态，最终跨越到主动型形态，跟踪互联网文化产业诸行业的发展动向，及时修订与完善互联网文化法律、法规。

四、积极推行互联网文化产业分类治理机制

互联网空间最大、最重要的转变是应对规则制度带来的调整与变革。互联网文化产业的不同业态具有不同的特点和发展规律，也隐含着互联网文化产业不同发展的趋势。基于制度与技术协同的治理现代化体系，应构建适应互联网文化产业不同行业特点的分类治理机制，即积极推行分类分行业治理，提高互联网文化产业治理的回应力。

对于网络文学、网络动漫、网络游戏、网络出版等领域的制度创新目标应考虑两大维度：一方面，引导、鼓励这些行业的内容原创与创新，加快完善互联网文化产业版权保护制度，并积极制定准入开放、财税、金融等促进型的制度体系；另一方面，保证网络文学、网络游戏、网络动漫与网络出版内容的健康性与引导性，维护绿色的互联网文化生态。

此外，建立内容分级与分类管理的长效管理机制，对网络游戏、网络动漫内容、网络媒体内容的治理，对网络电视、网络电影、网络音乐、网络出版物的治理，对网络搜索、网络购物、网络即时通信、社交网络的治理应采用不同的标准。

总之，根据互联网文化产业不同行业的特点，发挥互联网文化产业管理制度的双效应：既要鼓励、扶植、促进互联网文化产业高效发展，又需健全规制型的制度体系，避免因制度宽松导致有害信息泛滥、问题频出等产业发展过程中的负效应，实现互联网文化产业的健康发展。

五、完善国家互联网文化安全治理体系

互联网文化产业塑造了一个无边界的开放、动态的网络世界，其开放性实际上是全球开放性，动态性则是全球联动性；意味着互联网文化产业发展过程中产生的问题具有了全球性色彩，也暗含了互联网文化产业的全球性（互联网文化产业的全球入侵／互联网文化帝国主义和殖民主义）。任何一个环节的问题都可能波及整个互联网文化产业，产生安全危机，这一现实将互联网文化安全问题赋予了全球化色彩。

随着互联网文化产业发展过程中的异化所带来的安全问题开始在全球无边界扩展，特别是其信息共享性、表达自由性、虚拟性、无中心性特征的张扬，导致互联网文化安全问题加速蔓延，并呈现多样化特征。

互联网文化安全的实现，不是仅依靠技术可以解决的，而是需要一套完善的治理制度体系，强化互联网文化安全意识，培养互联网文化安全监管理念，健全互联网文化安全制度体系。

（一）完善互联网文化安全信息收集与监测系统

对海量互联网文化信息进行收集与分析，即设立专门的常设机构收集、整理大量涉及互联网文化安全的内容，对信息反映出的威胁系数进行论证，将那些危害国家安全和人民利益、威胁互联网文化产业发展、威胁人们身心健康及社会精神文明建设等方面的不良网络信息内容提取出来；将那些互联网文化中值得发扬的民族优秀文化，为社会提供各种学习、工作的网络信息内容定位为优良信息，并对当前总体的互联网文化安全现状做出判断。

此外，要积极构建互联网文化安全预警系统，涉及预警的组织机构、预警的对象和预警系统的时时监控平台等，这是实现互联网文化安全监测系统顺利运转的关键。

（二）建立科学的互联网文化内容安全评估指标体系

互联网文化内容安全评估指标体系是对互联网文化安全风险系数进行评估的基础，要根据互联网文化产业的规律。互联网文化内容安全性的特点设立，指标涉及健康互联网文化内容和不健康互联网文化内容两个维度及具体指标。

（三）确保互联网文化安全治理的动态性

全球互联网文化安全问题是互联网文化产业公共治理问题的进一步思考和深化。大数据时代的到来将互联网文化安全推向一个可预知、智能化、综合性与融合性交织的时期，互联网文化安全治理体系的完善，还需强化对国际互联网接口的管理，屏蔽境外提供煽动危害国家安全、破坏社会稳定、传播有害信息的互联网文化内容。随着网络技术的进步，互联网服务提供商能够实现实时监测互联网文化的内容（深度数据包检测 DPI），改变着全球网络治理的基本框架。鉴于此，我国亟须充分利用技术创新加快互联网文化安全技术平台建设，完善互联网文化安全技术保障体系，构建一个安全、健康、有序的互联网文化产业发展环境，促使互联网文化建设更好地服务经济增长、社会发展与精神文明建设，不断巩固和扩大我国优秀互联网文化在全球网络空间的阵地。

六、构建互联网文化产业生态治理机制

从生态视角来看,互联网文化产业搭建了一个开放的网络生态空间,多元化的互联网文化业态构成了复杂多样的文化生态群落,其高度依赖互联网技术的本质将互联网文化产业打造成一个动态、多元、开放的类似于生物生态系统耗散结构的产业生态体系,各个互联网文化业态之间处于相互协同的状态,形成互联网文化产业大生态系统复杂的反馈和自我调控的能力。所谓动态性主要是指互联网文化产业大生态体系和外界的政治环境、经济环境、社会文化环境与技术环境的相互作用与互动关联;多元性意味着互联网文化产业的大生态体系是互联网文化企业、政府、网民、相关行业协会与社会媒体等多元主体参与各个环节的系统,映射出互联网文化产业治理主体的特点;开放性则强调互联网文化产业塑造的产业生态系统是一个以开放的姿态不断进行内生态主体与外生态环境之间的网络信息资源的输入与输出活动维持动态平衡的系统,强调互联网文化产业内的各个行业与生产主体和外部生态环境因素的沟通与交流。

首先,要明确互联网文化产业的五大生态主体,发挥其应有的治理职责与效能。一是具有互联网文化产品生产者、互联网文化产品传递者与互联网文化产品分解者三重身份的互联网文化企业。其中,承担生产者角色的主要是互联网文化产品开发商和互联网文化内容或服务的提供商,具有互联网文化产品或服务的生产性、创造性功能,处于产业链具有高附加值的前端;互联网文化产品传递者,包括互联网文化设备商与生产性互联网文化市场,是物质形态转化为价值形态的载体,拥有安全、高速的基础网络设施通道与高效的互联网文化企业至关重要;互联网文化产品分解者,即网络内容运营商、网络服务运营商,为互联网文化产品和服务在网络空间运营提供方式和载体,是实现互联网文化产品和服务由生产性文化市场到消费性文化市场的功能承担者。二是互联网文化产业的监管者,政府是主体。政府监管效能的发挥对于治理互联网至关重要。三是互联网文化产品消费者,即网民,作为互联网文化产品或服务的主要消费者群体,活跃在整个网络空间里,具有互联网文化产品生产者、消费者与监管者的三重身

份，但其对产业发展产生的关键影响则主要通过消费者作用的发挥——庞大的网络用户受众群体与其多元化的文化需求是推动互联网文化产业规模扩张与拓展互联网文化市场空间的根本动力，是互联网文化生产、运营得以健康运行、实现良性循环的关键。四是社会媒体，包括报纸、广播、电视等传统媒体与门户网站、网络视频、微博、即时通信、社交网络等新媒体，通过舆论宣传、引导的方式发挥监管者的角色，影响着互联网文化产业的发展轨迹。五是互联网文化行业协会也承担着监管者的角色。

其次，要优化互联网文化产业生态发展的外部环境。一是影响互联网文化产业发展的政治环境，即政府出台一系列的政策和法规支持、鼓励互联网文化产业发展的大战略环境，发挥政府宏观调控的效能，并积极构建具有前瞻性的互联网文化产业政策与法规文本制度体系与制度安排；二是经济环境，主要是优化整个宏观经济环境，构建财政、金融、税收、汇率、信贷等支持互联网文化产业发展与优化治理的相关经济机制，推动互联网文化产业与金融、科技、创意、设计等的跨界融合发展；三是社会文化环境，构建有助于提高整个社会的互联网文化素养、培养互联网文化消费理念的网络生态文明机制，不断提高网民普及率，构建一个绿色文明的互联网文化空间，形成推动互联网文化产业发展的外生态环境保障体系；四是技术环境，技术环境不同于政治环境、经济环境与社会文化环境，是对产业发展影响最直接的因素，这是由基于网络技术开放性而产生、发展的互联网文化产业的独有性所决定的，随着大（大数据）、云（云计算）、平（平台化）、移（移动互联网）时代的到来，在技术环境层面推动着互联网文化产业发展步入新的阶段，为迎接互联网文化产业新一轮的发展制高点奠定了基调。鉴于此，要构建推动与利用网络技术实现互联网文化产业发展、提高互联网文化产业公共治理技术与水平的技术支撑优化机制，创造一个良好的鼓励创新、保护创新的技术环境生态。

互联网文化产业治理现代化体系要立足改变我国互联网文化生态环境恶化与互联网文化产业在全球文化市场处于劣势生态位的状况，根据互联网文化产业发展趋势及时调整、革新治理手段，寻求到动态、高效的最佳治理方式，着力于优化互联网文化生态环境，提升互联网文化产业的综合竞争力，并促进互联网文化产业的经济绩效、社会绩效、社会文化绩效与技术绩效。要针对整个互联网文化产业链的打造进行制度设计,而不是局限于某个具体业态或单一环节,即互联网文化产业的治理不是单独的体系,是相印交融的生态治理系统。互联网文化管理部门作为大生态系统的调控者,应发挥科学管理与服务互联网文化产业发展的使命与公共责任,不是仅通过简单的行政命令进行规制,而应从产业发展、社会利益出发,根据互联网文化产业发展动态与规律,通过发挥产业内部要素的相关作用并配套互联网文化政策和法规、经济手段和技术监督等方式进行生态式治理;行业协会作为大生态系统的第三方,需要致力于互联网行业规范的打造与协会成员网络生态观的习得;互联网文化企业作为大生态系统中最活跃的因子,应将企业创新创意活动建筑于社会责任感的践行之上,共同打造一个开放的、绿色的、安全的、系统化的互联网文化产业发展的大生态环境。

实际上,构建良好的互联网文化生态环境是治理的落脚点,应积极推动互联网文化产业发展与网络精神文明建设的同步,以寓教于乐、宣扬和谐的价值理念、弘扬社会主义文化为主轴,减少甚至消除互联网文化生态污染,改善互联网文化生态环境;以全球眼光和战略思维积极提供形式多样的互联网文化产品和服务,形成一种积极的、主流的互联网文化,推动社会主流价值观建构,打造人们普遍认同的价值观念,积极引领网络社会思潮,塑造网络社会文明,打造网络精神家园。推动互联网文化产业发展与塑造网络社会文明同构一体。对互联网文化企业而言,除了遵守道德底线、遵守行业自律以外,还要关注社会效益。例如,从事网络游戏的企业,由于网络游戏产品的对象主要是青少年,企业必须高度关注社会效益,创造游戏精品,集娱乐、休闲、教育、益智、文化于一体。否则社会负效应会成为网络游戏企业发展的障碍。此外,文化企业、社会应尊重互联网文化版权,践行互联网文化版权保护实践。网络空间的虚拟性、复制转载的简单易行与网络监管体系的不完善使得图书、音乐、影视、网络文学等文化产品的知识产权保护问题陷入困局。因此,真正文明的网络空间,必须创建一个良好的健康的互联网文化环境,而作为运营主体的互联网文化企业、网民等应致力于互联网文化产业知识产权意识的培育,形成尊重、支持、鼓励保护互联网文化产品原创者合法权益的观念和行为,积极构建互联网文化原创作品产业链,从而实现互联网文化产业竞争力的提升与网络文明构建的协同推进。

总之,互联网文化产业的发展是对现有互联网文化资源的合理开发、整合、管理、循环与再利用,是在现有互联网文化产业生态环境情境下与现有互联网文化资源阈限内的,如果超过了现有外部生态环境的阈限就会造成互联网文化生态的破坏,影响互联网文化产业主体功能的释放,甚至会产生互联网文化安全问题。因此,关注互联网文化产业生态环境的优化是国家治理能力的重要体现。

参考文献

[1] 陈少峰，王建平，余霖．中国互联网文化产业报告2017版[M]．杭州：浙江工商大学出版社，2018．

[2] 刘路．"互联网+"时代四川省文化创意产业的新型业态研究[M]．成都：四川人民出版社，2018．

[3] 陈少峰，黄向军．移动互联网时代文化产业商业模式[M]．北京：电子工业出版社，2019．

[4] 高畅．"互联网+"与文化产业的创新实践[M]．北京：兵器工业出版社，2017．

[5] 孙德林，吕品，罗家鑫，孙雅岑，李丽珍．互联网+文化产业跨界融合多样化研究[M]．北京：经济管理出版社，2017．

[6] 陈春轩．互联网时代音乐文化产业发展研究[M]．哈尔滨：东北林业大学出版社，2020．

[7] 贾青．互联网时代下的审美与文化产业研究[M]．北京：中国商业出版社，2019．

[8] 周玫．互联网时代下的审美与文化产业研究[M]．北京：中国商务出版社，2019．

[9] 牛盼强．文化产业发展态势研究[M]．上海：上海交通大学出版社，2018．

[10] 路善全．安徽省"互联网+文化遗产"产业新业态研究[M]．福州：福建教育出版社，2020．

[11] 陈柏福，杨辉，伍宣霖．"互联网+"时代文化产业商业模式研究[M]．上海：上海交通大学出版社，2018．

[12] 汤敏，刘星．互联网+文化创意类产业大学生创新创业教程[M]．北京：科学出版社，2018．

[13] 杜龙政,田志馥,杨婧,王葱葱.互联网时代中蒙文化与旅游产业融合研究[M].北京:中国商务出版社,2018.

[14] 郝亚丽.互联网时代的文化创意产业发展研究——以安徽民间美术创意产业发展为例[M].北京:中国书籍出版社,2017.

[15] 宋晓明.河北省文化产业创新发展与升级研究[M].燕山大学出版社,2020.

[16] 袁涛.江苏省文化产业创新路径研究[M].北京:经济日报出版社,2018.

[17] 张书勤.文化产业政策与法规[M].北京:中国政法大学出版社,2018.

[18] 韩丹丹."互联网+"背景下大庆文化产业高质量发展路径研究[J].文化产业,2022(18):163-165.

[19] 韩东林,贾双双.基于熵权TOPSIS法的数字文化产业高质量发展水平测度研究[J].大庆师范学院学报,2023(2):63-73.

[20] 杨朝辉,李碧珍,马丽慧."互联网+文化产业"高质量发展导向及其政策建议——以福州市鼓楼区为例[J].福州党校学报,2020(1):68-73.

[21] 郝挺雷.产业链视域下数字文化产业高质量发展路径研究[J].理论月刊,2020(4):111-119.

[22] 郝挺雷,李有文.新基建赋能文化产业高质量发展研究:机制、挑战与对策[J].福建论坛(人文社会科学版),2021(4):41-51.

[23] 詹绍文,耿鑫悦.我国数字文化产业高质量发展路径[J].经济研究导刊,2022(32):36-38.

[24] 眭海霞,陈俊江,练红宇."互联网"背景下文化产业发展路径研究——以成都市为例[J].中华文化论坛,2020(5):146-153.160.

[25] 马丽慧.福建省"互联网+文化产业"发展研究[J].福建质量管理,2020(1):30.

[26] 雷杨,金栋昌,刘吉发."文化—技术"关系视角下现代文化产业高质量发展对策研究[J].理论导刊,2020(3):123-128.

[27] 潘谷平.江苏数字文化产业如何实现高质量发展[J].唯实,2022(8):

29-31.

[28] 车树林,王琼.数字经济时代文化产业高质量发展的动力变革与路径选择[J].学术交流,2022（1期）：114-125.192.

[29] 王垚.本土文化助推自贸区数字文化产业高质量发展研究[J].现代营销（经营版）,2020（5）：60-61.

[30] 姚娟,王玲玉.我国文旅产业高质量发展指标体系研究——基于科技赋能视角[J].市场周刊,2022（9）：40-43.

[31] 郑正真.文化创意产业高质量发展的内涵与路径研究——以成都市为例[J].中共合肥市委党校学报,2020（6）：38-44.

[32] 胡红杰.文化产业竞争力绩效评价及区域高质量发展——基于黄河流域八省区的实证分析[J].河南师范大学学报（哲学社会科学版）,2020（5）：38-44.

[33] 张祝平.互联网时代下传统文化产业传承与创新发展问题研究[J].职大学报,2019（2）：63-70.

[34] 张华,黄卓,李斐."互联网+"背景下文化创意产业人才培养研究[J].辽宁经济职业技术学院辽宁经济管理干部学院学报,2021（4）：4-6.

[35] 张月月."互联网+"背景下文化产业学科建设的发展策略探析[J].新闻研究导刊,2020（5）：206-208.

[36] 惠宁,白思.互联网、空间溢出与文化产业发展——基于省域面板数据的空间计量分析[J].统计与信息论坛,2021（1）：100-107.